KB194241

동아시아미래가치연구소
생 명 학 CLASS 0 2

일본 '생명관' 탐구의 현재

일본 '생명관'
탐구의 현재

동 아 시 아
미래가치연구소
생명학 CLASS
02

성균관대학교
출 판 부

스즈키 사다미 지음

김병진 옮김

기획의 말

오늘날 우리는 '생명'이라는 단어를 자연스럽게 사용하지만, 그 의미를 깊이 성찰할 기회는 많지 않습니다. 근대 과학과 서구적 사유 속에서 정립된 '생명' 개념은 우리 삶에 깊숙이 스며들었지만, 동시에 인간과 자연, 기계와 생명의 경계를 엄격히 구분하는 이분법적 사고를 만들어 냈습니다.

그러나 21세기 들어 기후 위기, 인구 구조의 변화, 첨단 기술의 발전, 인공지능(AI)의 등장과 같은 거대한 전환을 맞이하면서, 기존의 생명관은 더 이상 충분한 설명력이 없음을 드러내고 있습니다. 이제 우리는 다시금 묻습니다.

'생명이란 무엇인가?'
'우리는 생명을 어떻게 이해하고, 어떤 가치를 부여해야 하는가?'
'생명과 생명을 잇는 관계 속에서 돌봄과 책임은 어떤 의미를 가지는가?'
'기술 발전과 함께 생명윤리는 어떻게 변화해야 하는가?'

동아시아미래가치연구소의 "생명학 CLASS" 시리즈는 이러한 질문에 답하고자 기획되었습니다. 본 연구소는 동아시아적 전통 속에서 생명 개념을 탐구하고, 현대 과학기술 및 인문학적 사유를 융합하여 생명의 의미를 재구성하는 시도를 이어가고자 합니다.

본 시리즈 강연록은 다양한 학문 분야의 연구자들이 주축이 되어 학술적, 사회문화적 관점에서 생명을 해석하고, 현대 사회가 직면한 생명 관련 난제들을 조망하는 내용으로 구성됩니다. 특히, 현 사회에서 더욱 중요해지고 있는 '돌봄(care)'과 '생명윤리(bioethics)'의 가치에 주목하며, 생명과 생명 사이의 관계성을 조명합니다.

오늘날 의료 기술의 발전과 유전자 조작, AI와 로봇 기술의 도입, 기후 변화 속에서의 생명 유지 문제는 새로운 윤리적 화두를 던지고 있습니다. 이에 인간 중심의 생명관을 넘어, 모든 생명체와 생태계가 조화를 이루며 공존할 수 있는 방향으로 생명윤리를 재정립할 필요가 있습니다. 돌봄은 단순한 보살핌을 넘어, 인간과 자연, 기술과 사회가 함께 살아가는 방식에 대한 근본적인 성찰이며, 그 안에서 우리는 생명 존중의 실천적 의미를 찾아야 합니다.

이 시리즈를 통해 우리는 근대적 생명관의 한계를 넘어, '돌봄'과 '생명윤리'를 중심으로 자연과 인간, 기술과 생명의 새로운 관계를 모색하고자 합니다. 생명에 대한 철학적, 윤리적, 사회적 논의를 확장함으로써, 보다 지속 가능하고 공생적인 미래를 설계하는 데 기여할 수 있기를 바랍니다.

동아시아의 사유 속에서 생명의 본질, 돌봄의 의미,

그리고 생명윤리의 방향을 다시 묻는 이 여정에 독자 여러분을 초대합니다.

동아시아미래가치연구소

박이진

차례

- **강연자**: 스즈키 사다미(鈴木貞美, 国際日本文化研究センター 명예교수)
- **사회자**: 김병진(단국대학교 동아시아인문융복합연구소 교수)
- **강연제목**: 일본 '생명관' 탐구의 현재

🎙 사회자

안녕하세요. 이 자리에 함께해 주셔서 감사하고, 또 환영합니다.

　　오늘 강연은 동아시아일본학회와 성균관대학교 동아시아학술원, 그리고 성균관대학교 동아시아미래가치연구소가 공동으로 기획한 강연회가 되겠습니다. 국제학술대회 기조 강연이자 특강이라고 할 수 있는데요. 일본 사상사 연구 분야의 석학이신 스즈키 사다미(鈴木貞美) 선생님을 모셨습니다.

　　먼저 스즈키 사다미 선생님에 대해서 간략하게 소개

해 드리겠습니다. 1947년생이시고요, 일본의 국책 연구기관인 국제일본문화연구센터(国際日本文化研究センター)와 이 센터를 기반으로 운영되고 있는 종합연구대학원대학(総合研究大学院大学)에 오랫동안 재직해 연구하시다가, 현재는 동기관의 명예교수로 계십니다.

근래 주된 관심사는 일본의 고전 비평인데, 현역에 계실 동안은 일본 근현대 문예사의 재구축을 기획하셨습니다. 물론 지금도 연구를 이어오고 계시는데, 개념 편성의 사상사적 연구가 선생님의 기본적인 방법론이라 할 수 있습니다.

오늘 준비하신 주제인 '생명'에 관해서도 개념 편성사적 관점에서 연구해 오셨는데, 우리가 너무나 당연하게 사용하고 있는 '생명'이라는 말이 과거 전통 사회에서부터 근대에 이르기까지 동서양의 다양한 사상과 지식의 복잡한 영향 관계 속에서 재편되었음을 다뤄주실 것으로 기대합니다.

관련 저서인 『생명관의 탐구: 중층의 위기 속에서』(生命観の探求: 重層する危機の中で)는 일본 내에서는 꽤 유명한데요, 오늘 이야기하실 내용들은 2007년에 나온『생명관의 탐구』와 2019년에 발간하신『일본인의 자연관』(日本人の自然観)이라는 책을 토대로 말씀해 주실 겁니다.

그 외 선생님의 저서가 한국에서 번역된 건『일본의 문학개념: 동서의 문학개념과 비교고찰』(2001), 그리고『일본의 문화내셔널리즘』(2008)이 있습니다.『생명관의 탐구』같은 경우는 현재 번역 중인데, 곧 작업을 마무리해 출간할 예정이니, 오늘 강연을 듣고 궁금한 점 등은 나중에 책이 출간되면 더 상세하게 확인해 볼 수 있으리라 봅니다.

그리고 이 강연은 성균관대 동아시아미래가치연구소의 "생명학 CLASS"와 공동으로 기획하여 진행하고 있습니다. 오늘 발표해 주실 주제가 '생명의 미래 가치'와 관련해서도 여러모로 우리에게 시사하는 바가 있으리라 기대해 봅니다. 그럼, 선생님을 모셔서 강연을 듣도록 하겠습니다.

일본 '생명관' 탐구의 현재

1. 들어가며

🎓 스즈키 사다미 선생님

소개해 주셔서 감사합니다. 스즈키 사다미입니다.

오늘은 '일본의 생명관'을 주제로 그 '탐구의 현재'에 관해 이야기해 보고자 합니다.

생명관을 가지고 이렇게 국제적인 공동 연구 형태로 연구가 진행된다는 것 자체가 매우 기쁜 일이고, 제가 숙원하던 바입니다.

제가 생명관에 관해 연구를 시작하게 된 것은, 대략

1980년대쯤으로, 당시 일본에서 '생명'이라는 단어가 마구 유행하고 있었습니다. 그런 사태를 목도하면서 '그들이 말하는 생명은 무엇이고, 도대체 이를 통해 무엇을 말하려는 것인지' 확인하고 싶었습니다. 그래서 거슬러 올라가 20세기의 바이탈리즘(Vitalism)부터 재고해 가기로 마음먹었습니다.

그것은 단순히 지나간 과거의 일이 아니라고 생각했습니다. 러일전쟁이 끝난 후, 그러니까 1905년에 러일전쟁이 끝납니다. 그 이후 제목에 '생명'이라는 단어가 아무렇게나 붙은 책들이 난무하게 됩니다. 그래서 처음에는 1905년 이후로 범위를 좁혀서 "아, 여기에도 붙어있고, 여기에도 있구나" 하는 식으로 정리를 시작하였습니다.

그리고 그 후, 바이탈리즘이라는 단어가 세계 백과사전에 등장하게 됩니다. 20세기에 들어서 특히 유명한 것은 앙리 베르그송(Henri-Louis Bergson, 1859~1941)의 『창조적 진화』였습니다. 독일에서는 그런 경향이 '생의 철학'이라는 형태로 전개되었습니다.

시인인 워즈워스(William Wordsworth, 1770~1850)가 그러

했듯이 영국에도 그러한 흐름이 있었습니다. 그가 노래한 'life of things'란 시구를 일본에서는 '사물의 생명', '만물의 생명'이란 식으로 번역하기도 했는데, 이는 일찍이 구니키다 돗포(国木田独歩, 1871~1908)가 도입한 번역어였습니다.

그렇게 보면, '아니, 러일전쟁 이전부터 그런 개념이 있었다는 건가?', 애초에는 '다이쇼(大正) 생명주의'라고들 불러왔는데, 러일전쟁 전이라면 1905년보다 이전이기 때문에 20세기에 막 들어섰을 무렵이 되죠. 그렇다면 '메이지(明治) 시대부터인가? 다이쇼는?' 하는 식으로 시행착오를 겪으면서 연구를 수정해 나갔습니다. 정말로 암중모색이었죠.

물론 1980년대에도 '생명'이라는 말들이 쏟아져 나옵니다. 지금도 이 말은 여러 곳에서 볼 수 있는데, 예를 들어, 일본 와카야마현 고야산(高野山)에 있는 진언종(真言宗)의 수장이 과거 구카이(空海, 774~835)의 사상이 '생명주의'였다는 말을 하기도 하였습니다.

그런데, 잠깐만요, 불교잖아요? 불교의 근본은 윤회전생의 세계에서 벗어나는 것이 아니었나요? "생명 중심으로, 생명이 가장 중요하다고 구카이는 말했다"고 소개하는 것을 들었을 때, 불교라면 '생명을 초월해야 하는 것인데, 왜 구카이를 생명주의라고 하는 걸까?'하는 의구심이 들었습니다.

또 호넨(法然, 1133~1212)이라는 사람도 있습니다. 일본 정토교계에서 최초로 큰 획을 그은 대성인입니다. 그쪽 사찰에는 여러 파가 존재합니다만, 호넨 계통의 정토교계 중에서도 호넨을 위대하게 평가하며 가장 섹트주의가 강해보이는 곳이 있습니다. 이 사찰의 문 앞에 '생명은 소중하다', '생명 제일'이라는 문구가 내걸려 있습니다.

이런 것을 보고 "불교에서 왜 생명이 중요하지? 이상하지 않나, 원리적으로 틀리지 않나?"라고 생각하기 시작했어요. 그래서 다시 한번, 언제부터 그렇게 말하기 시작했는지 추적해 봤더니, 대략 청일전쟁 · 러일전쟁 사이인 1895년경부터 1905년 무렵, 곧 20세기에 들어서면서부터 생명중심주의라는 것이 분명하게 나타났음을 알 수 있었습니다.

그래서 '다이쇼 생명주의'라고 칭하는 것은 적합하지

않다고 봅니다. 아주 조금이지만 메이지 시대에도 그러한 경향이 나타났기 때문입니다. 그래서 어딘가 잘못 짚었던 게 아닌가 하는 생각이 들어서 '다이쇼 생명주의'라고 부르는 것을 그만두기로 했습니다. 보다 일찍부터 시작되었던 것이죠.

2. 20세기 '바이탈리즘'의 재고

그러나 이런 생명주의라는 현상은 일본만의 것이 아니었습니다. 세계적으로 그런 움직임이 시작되어서 백과사전에도 소개될 정도였으니 말이죠. 일본인들은 이것을 일찍 받아들이고서 일본 특유의 것을 만들어갔다고도 이해해 보면 좋겠습니다.

　다만 독특한 점이 무엇인가 하면, 세계적으로 바이탈리즘이라 불리던 것도 잘 살펴보면 역시나 나라마다 다르다는 겁니다. 영국은 영국적인 것이 있고, 프랑스는 프랑스의 것이 있고, 또 독일은 독일적인 것이 있던 것처럼, 각기 조금씩 달랐습니다. 미국도 그런데, 예를 들어보면, 에머슨(Ralph Waldo Emerson, 1803~1882)이라는 사람이 우주의 대령(大靈), 곧 커다란 'Great Soul'이라는 말을 자주 썼는데, 그는 생명이라고는 말하지 않았어요.

　에머슨은 그렇게 령(靈), 즉 'Spirits'의 거대한, 우주 전체의 보편적인 생기(生氣) 같은 것이 있다고 보았습니다. 이를 시인이 호흡해서 말로 표현하면 보편적인 형태로 외

서구 '바이탈리즘' 재고 = universal life(보편적 생명·우주대생명)

선구자로서 쇼펜하우어, 니체를 일반적으로 거론하지만……

윌리엄 위즈워스(life of things)

- 영국   토마스 칼라일   —   존 러스킨   —   윌리엄 모리스
                =   버나드 쇼   —   D·H·로렌스

- 미국   랄프 월도 에머슨   —   헨리 데이비드 소로
                                                 월트 휘트먼
                                                 윌리엄 제임스(stream of consciousness)

- 프랑스 장마리 귀요   앙리 베르그송(universal energie)
  ※벨기에 모리스 마테를링크(신비적 생명주의) (la vie profonde)
            에르스트 헤켈(만물유생론[万物有生論])   한스 드리슈(신생기론[新生気論])

- 독일   루돌프 크리스토프 오이켄   게오르크 지멜
            빌헬름 딜타이 ………

- ※러시아 레프 톨스토이「신은 생명이다」

부로 발신할 수 있다고, 모두에게 영향을 줄 수 있다고 생각했습니다. 원래 에머슨은 목사였는데, 어느 날 인도 사람과 만난 후 깨우치고서, 인간의 죽음을 초월하는 거대한 생명 같은 것을 생각하기 시작했던 것이죠.

이처럼 사람마다 계기가 다르긴 해도, 각 나라별로 대체로 20세기 전환기 무렵부터 시작되었다고 백과사전 등에 나와 있습니다. 그러면서 쇼펜하우어(Arthur Schopenhauer, 1788~1860)와 니체(Friedrich Wilhelm Nietzsche, 1844~1900)가 선구자라고 쓰여 있어요.

하지만 그렇지는 않죠. 쇼펜하우어는 생명이라는 말은 하지 않았어요. '우주의 의지'가 인간을 맹목적인 의지(blind will)로 몰아붙이고, 그렇게 해서 세상은 비참하다는 염세주의로 빠져들었죠. 그 영향을 받은 니체도 비슷한 생각을 했는데, 니체의 경우는 에너지 보존 법칙을 알게 되면서 마치 신의 계시를 받은 것처럼 사변을 펼치고 있습니다.

그렇다면 "아, 니체의 이해도, 쇼펜하우어의 이해도 각각 달랐구나. 그런 것을 받아들인 일본인들은 어떻게 생각했을까?"하는 식으로 계속해서 시행착오를 거치면서 공동 연구를 해왔습니다.

제 경우에는 일본을 토대로 생각하기 때문에 조금 다르게 보고 있습니다. 영국의 경우 워즈워스나 칼라일(Thomas Carlyle, 1795~1881), 러스킨(John Ruskin, 1819~1900), 윌리엄 모리스(William Morris, 1834~1896) 등 세대 차이는 나지만, 지금 보자면 완전히 하나의 흐름으로 포착할 수 있습니다.

영국에는 버나드 쇼(George Bernard Shaw, 1856~1950)라는 사람의 희곡이 있습니다. 그의 경우는 역시 우주의 생명 같은 것과 합일하는 연애를, 즉 말은 통하지 않아도 마음은 통한다는 식으로 얼마간 이야기했습니다. 그리고 『인간과 초인』(Man and Superman, 1903)에 니체의 위버멘쉬(Übermensch)를 힌트로 '슈퍼맨'이라는 말을 사용하고 있죠. 비록 그 자신은 니체의 영향을 받지 않았다고 말하지만, 그런 흐름이 있습니다.

당시 일본인들은 그 영향을 받은 대상이 제각기 달랐기 때문에, 20세기에 바이탈리즘이라고 불렸던 흐름을 다시 한번 영국이나 독일 등을 무대로 하여 재고해 볼 필요가 있었습니다.

　그중에서도 벨기에 프랑스어권의 유명한 『파랑새』(*L'Oiseau bleu*, 1908)를 쓴 저자 마테를링크(Maurice Maeterlinck, 1862~1949)에 관해서 비교적 최근에 강조하고 있습니다. 그의 에세이 중에 ⟨*la vie profonde*⟩(1896)라는 작품이 있는데, '깊은 생명', 곧 밤하늘의 깊숙한 곳에 신비로운 생명의 흐름이 있음을 20세기가 되기 전부터 노래하고 있었습니다.

　이것을 왜 강조하는가 하면, 예를 들어 일본의 모리 오가이(森鷗外, 1862~1922)나 혹은 우에다 빈(上田敏, 1874~1916) 같은 사람이 20세기 이전부터 마테를링크의 작품들을 활발하게 번역했기 때문입니다. 물론 『파랑새』는 훨씬 이후의 일입니다. 또 노벨 문학상도 받았습니다. 한마디로, 마테를링크는 20세기 이전부터 그런 말을 하고 있었습니다.

　일본 문학이나 문예의 흐름 속에서 이러한 흐름이 꽤 강했다는 것을, 여전히 일본의 '근대 자연주의'라는 시각 속에서 보는 경향이 강하게 남아 있기도 합니다. 하지만,

이미 붕괴하고 있었다고 봐야죠. 마테를링크의 신비적 상징주의의 흐름을 모리 오가이와 같은 이들이 번역하기 시작하면서 모두 영향을 받게 되었던 것입니다. 자연주의를 자칭하는 사람들이 그런 영향을 받았던 것이죠.

그렇기에 일본의 자연주의 사조는 사실 엉망진창이 되고 맙니다. 사람마다 말하는 게 다들 다릅니다. "말로는 다들 자연주의라고 떠들지만, 그 뜻하는 바가 전혀 다르지 않습니까?" 하는 의문점을, 문학사관을, 자연주의에 찬성하고 반대하는지와 상관없이 '자연주의가 있었다'고 강조하는 사람들도 포함해서 그들에게 '엉망진창으로 다르지 않느냐'고 반문해 볼 수 있는 것이죠.

그렇게 '문학사 다시 쓰기' 같은 것을 제안하기 위해 마테를링크를 강조하고 있는 겁니다. '밤하늘의 가장 깊은 곳에서부터 생명이 인간이 있는 곳으로 전해져 왔다'는 신비로운 생각을 말이죠.

3. 서구 생명주의 흐름

그리고 보통 근대화가 되면 과학주의나 리얼리즘이 점점 강해졌다고 보는 풍조가 아직 남아 있습니다. 그러나 사실은 그렇지 않았습니다. 러일전쟁을 거치면서 더 강렬한 스피리츄얼리즘(spiritualism)이나 신비주의가 강렬하게 부상했죠. 즉 지금까지의 문학관을 역전시키는 발상을 하게 된 것입니다.

그리고 또 다른 한 명, 에른스트 헤켈(Ernst Haeckel, 1834~1919)이라는 독일 생물학자가 있었는데, 나치가 그의 이론을 이용했던 탓에 평판이 굉장히 나빠진 사람입니다. 하지만 그는 애초에 나치에 찬성했던 사람도 아닐뿐더러 나치 탄생 이전에 이미 사망했습니다. 그는 '만물유생론'이라고 해서 '만물에는 모두 생명이 있다'고 무기물에서 유기물로 이어지는 생명의 연속성을 생각했습니다.

'규조(珪藻)'라고 들어보셨나요? 단세포의 작은 식물 플랑크톤인데요. 그는 핵을 가지지 않은 규조류를 발견했다고 주장했습니다. 물론 오늘날에는 인정되지 않는 주장

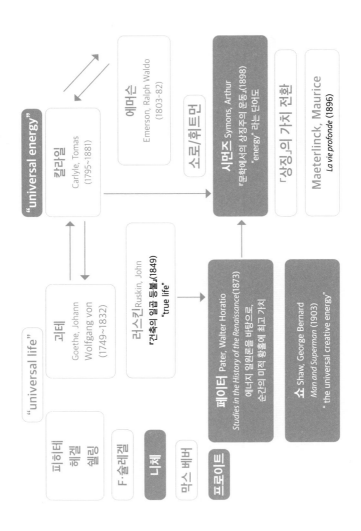

"universal energy"

"universal life"

칼라일
Carlyle, Tomas
(1795~1881)

에머슨
Emerson, Ralph Waldo
(1803-82)

소로/휘트먼

시먼즈 Symons, Arthur
『문학에서의 상징주의 운동』(1898)
"energy"라는 단어로

「상징의 가치 전환」

Maeterlinck, Maurice
La vie profonde (1896)

괴테
Goethe, Johann
Wolfgang von
(1749~1832)

러스킨 Ruskin, John
『건축의 일곱 등불』(1849)
"true life"

페이터 Pater, Walter Horatio
Studies in the History of the Renaissance(1873)
에너지 일원론을 바탕으로,
순간의 미적 항을에 최고 가치

쇼 Shaw, George Bernard
Man and Superman (1903)
" the universal creative energy"

피히테
헤겔
셸링

F·슐레겔

니체

막스 베버

프로이트

입니다. 그런데 그것이 그 당시에는 세계적으로 유행하였습니다. '우주의 신비'니 혹은 '생명의 불가사의'라고 하면서요. 그는 물론 독일에서 생물학의 대가로, 상당히 폭넓게 영향력을 끼쳤어요. 예를 들면, 엥겔스(Friedrich Engels, 1820~1895)나 레닌(Vladimir Ilyich Lenin, 1870~1924)과 같은 마르크스주의 혁명이론가들도 영향을 받았습니다.

한때 소련에서 오파린(Alexander Oparin, 1894 – 1980)이 주장한 '발생론', 곧 생물은 어떻게 생겨나는지를 두고, 무기물에서 발생하는 메커니즘에 관한 연구가 굉장히 활발했습니다. 이는 엥겔스가 헤켈로부터 받은 영향이 소련에 이식되었기 때문입니다. 레닌도 그런 내용의 서평을 쓰기도 했으니, 그런 흐름이 있었던 겁니다.

무기물에서 생명이 발생한다는 이와 같은 생명관은 그 옛날 아리스토텔레스(Ἀριστοτέλης, 384 – 322 BC)에게도 발견됩니다. 물속이나 습한 환경에서 장구벌레(모기의 유충) 같은 곤충들이 자연적으로 생겨난다고 했어요. 아리스토텔레스는 유성생식을 열심히 연구한 사람이지만, 그런 아리스토텔레스조차도 미생물이 아무것도 없는 곳에서부터 발생한다고 말하였습니다.

이에 대한 부정이 프랑스의 센강(La Seine) 유역에서 이루어지게 됩니다. (과거 자연발생설이 완전히 부정되게 되는데, 루이 파스퇴르(Louis Pasteur, 1822~1895)가 센강 주변에 있던 파리 과학아카데미에서 행한 실험을 통해 제기되었다.—역자 주) 즉, 19세기에 이르러서야 실험을 통해서 완전히 부정되었습니다. 무슨 일이 있어도 미생물은 자연적으로 발생하지 않는다는 것이 마침내 근대에 와서 증명된 겁니다.

그러나 그 이전에는 명확하진 않지만, '기(氣) 같은 것에서 생물이 나온다'고 모두가 생각했습니다. 유럽에서 조차도요. 그리고 그런 것이 다시 한번 만물유생론으로 나타나기도 하고, 또 한스 드리슈(Hans Driesch, 1867~1941) 같은 사람이 '생명의 기(氣)라는 것이 존재한다'는 신생기론을 주장하기도 합니다. 모두 영국에 상당한 영향력을 끼쳤습니다.

일본에서는 이러한 흐름이 1920년대 즈음해서 무척 유행하였습니다. 유물론자들인 일본의 마르크스주의자들도 무기물과 유기물의 접합점에 그러한 생기론이 있다고 말합니다.

이러한 유행에는 이전부터의 흐름이 있습니다. 예를 들어, 20세기 독일의 철학을 대표하던 딜타이(Wilhelm Dilthey, 1833~1911)는 우주 세계 전체의 움직임을 생명의 기호로 파악하였습니다. 기호론의 선구자라 할 수 있죠. 처음으로 제기된 주장이기에, 20세기 이후 기호학, 구조주의적 역사관 같은 것의 원조가 됩니다.

반면에 "그것은 역시나 신비주의야, 다르잖아. 생물의 생명과는 전혀 달라. 우주를 움직이는 것은 생명이 아니야"라면서, 이에 반대하는 생물학적 생명주의자들도 있었습니다. 서남독일학파의 사람들 같은 부류입니다. (서남독일학파(Südwestdeutsche Schule)는 19세기 말, 20세기 초에 걸쳐 독일에서 발전한 신칸트학파(Neukantianismus)의 주요 분파 중 하나다.―역자 주)

여러 가지로 복잡합니다만, 그러한 움직임이 뒤엉켜서 작용하고 있었습니다. 그래서 저는 일반적으로는 바이탈리스트(Vitalist)로 이야기하지 않는 톨스토이(Leo Tolstoy, 1828~1910)를 생명주의로 봅니다.

그는 그 유명한 "신은 생명이다"라는 말을 여러 번 강조하였습니다. 농민에게 신은 생활의 중심이라고 보는 러시아 정교회의 입장입니다. 그런 생각을 강조하면서, 기독교의 신약 성경을 재해석합니다. 예수께서 "나는 생명이다"라고 하신 것은, 일반적인 성경 해석으로는 이 땅에 내려온 하나님의 사자라는 뜻으로 이야기합니다. 그런데 톨스토이는 예수를 인간의 생명에 눈뜬 사람이라고 말합니다. 그래서 그는 러시아 정교회가 전쟁에 반대하지 않음을 비판했고, 러시아 정교회로부터 제명됩니다. 그런 관계가 톨스토이에게는 있습니다.

그리고 보통 세계 철학사 속에서 톨스토이를 흔히 반근대주의로 분류하고, 그가 근대에 역행했다고 보고 있어서, 20세기의 바이탈리스트로는 좀처럼 이야기하지 않습니다. 그런데 일본 입장에서 볼 때 톨스토이의 영향은 엄청났습니다. 러일전쟁 때 톨스토이가 전쟁에 반대했다는 것이 알려지면서, 그 영향을 받아 러일전쟁에 반대하는 사람들이 나왔습니다.

그럼, 이런 일본 상황을 시야에 넣고 본다면 톨스토이를 바이탈리스트로 포함해야 하지 않을까요? 더 넓게 말하자면, 프랑스의 로맹 롤랑(Romain Rolland, 1866~1944) 같은 문학가들은 2차 세계대전 당시 아주 강하게 전쟁을 반대합니다. 이때 톨스토이가 반전운동을 지지하는 하나의 사상적 거점이 되었습니다. 그래서 그를 생명주의로 봐야 한다고 주장했습니다. 요컨대 세계 백과사전에 쓰여있는 도식을 수정해야 했던 것이죠. 일본에서 생명주의 영향을 받은 사람들에 관해 논의하려면 수정이 필요했습니다. 그것이 포인트였습니다.

그래서 서구 바이탈리즘을 다시 정리하는 작업을 해 왔습니다. 쉽게 알 수 있는 키워드는 "universal life"입니다. universal이라는 것은 '우주의'란 뜻이자, 한편으로는 '보편적'이라는 의미가 있습니다. 따라서 universal life라는 아이디어를 일본인이 받아들이고 번역할 때, "보편적인 생명", "생명이란 것은 어디에나 충만하다"라는 식으로 생각했고, 또 우주라는 의미도 있으니까 "우주 대생명"이라는 터무니없는 관념적인 사상을 낳기도 하였습니다.

저는 지금 '관념적'이라고 표현했습니다만, '우주에 큰 생명이 있다'든가 하는 생각을 다들 관념적이라고 보지 않을까요? 그런데 이것은 아주 간단히 성립될 수 있습니다. '우주는 살아있다, 활동하고 있다', '지금도 우주는 활동하고 있다'고 주장합니다. 태초에 빅뱅이 있었고, 그 후에 계속해서 타원형으로 퍼져나가고 있다고 보았죠. 최근에는 사실 타원형이 아니라 구형으로 되어 있다는 아이디어가 미국에서 나오고 있는 듯합니다만, 활동하는 것이 모두 살아있다고 본다면, 곧 생명을 가지고 있다고도 쉽게 말할 수 있게 됩니다.

비유적으로 말해 보면, 예를 들어 요즘에는 많이 보지는 않는 것 같던데, 디즈니의 다큐멘터리영화 《사막은 살아있다》(The Living Desert, 1953)를 아시나요? 이 작품에서 그리고 있는 것처럼 사막은 6월쯤 되면 많은 비가 내려 홍수가 발생하고, 이후에 꽃들이 일제히 개화합니다. 죽은 모래로 가득 차 있던 것 같은 사막도 사실은 살아있다는 것을 역설하듯이 말이죠. 이처럼 비유적으로 생각하면, 우주가 살아있다고 얼마든지 말할 수 있습니다.

그래서 그런 비유의 문제와 레톨릭의 문제를 함께 엮어서 생각해 봤습니다. 거기에 어떤 개념을, 어떤 식으로 사용했는지, 살펴보다가 다시 한번 유럽의 생명관으로 돌아가 그 조감도를 궁리해 봤습니다.

4. '근대의 초극' 사상의 전개

독일은 역시 괴테의 영향력이 강합니다. 괴테는 꽃은 잎이
진화한 것이라는 특별한 진화론을 주장했는데, 그런 아이
디어를 이어받은 오이켄(Walter Eucken, 1891 – 1950)이나, 혹은
게오르크 지멜(Georg Simmel, 1858~1918) 같은 사람들이 있었
습니다. 그런 계보가 있었음을 알았습니다.

그리고 토머스 칼라일은 영국인인데, 독일 사상의
영향을 받았습니다. 독일 철학자의 어법을 모델로 쓴 유
명한 책도 있죠. (가공의 독일 철학자인 디오게네스 테우펠스드뢰크
(Diogenes Teufelsdröckh)라는 인물의 전기이자 철학서처럼 쓴 『의상 철
학』(Sartor Resartus, 1833~1834)을 말한다. 실제로는 칼라일 자신의 사상
을 풍자적이고 상징적으로 표현한 책이다.—역자 주)

한편으로 그는 영국과는 대서양을 사이에 둔 미국의
에머슨과 사이가 굉장히 좋았어요. 서로 주장하는 내용은
조금씩 달랐지만, 에머슨과 칼라일은 기맥이 통하는 듯하
였습니다. 칼라일의 책이 영국에서 출판되기 어려우면 미
국에서 내주기도 했던 사이였어요.

F. 엘겔스//K. 마르크스 (마르크스주의)

* 영국

트마스 칼라일 ─── 윌리엄 워즈워스 ─── 윌리엄 모리스
ǁ   존 러스킨
                      버나드 쇼 ─── D·H·로렌스

* 미국

윌프 윌도 에머슨 ─── 헨리 데이비드 소로
                    월트 휘트먼
                    윌리엄 제임스(stream of consciousness)
                    ǁ

* 프란스

장마리 귀요   앙리 베르그송(universal energie)
※빨기에   모리스 마테를링크(신비적 생명주의) (la vie profonde)
                                              • W.R.바그너
                                              • S.말라르메
                                                (다신교적 민족종교)

* 독일

                       에른스트 헤켈   한스 드리슈
                       루돌프 크리스토프 오이켄   게오르크 지멜
                       빌헬름 딜타이 ⋯⋯

※러시아

레프 톨스토이 「신은 생명이다」

일본 '생명관' 탐구의 현재

그래서 이와 같은 관계를 다시 한번 고려해 정리하는 와중에, '참된 생명'과 같은 용어를 사용하며 다양한 주장을 하던 사람들이 하나의 '계보(系譜)'로서 떠올랐습니다.

'생명주의'의 등장에 관해 칼라일의 경우를 예로 설명해 보겠습니다.

1830년대쯤 영국에서 산업혁명이 일단락됩니다. 당시 시대상은 어떠하였을까요? 노동자들은 인간성을 상실하고 손발이 모두 기계에 묶여서, 기계를 움직이고 있었습니다. 협회를 조직하는 것도 모두 그런 기구 시스템으로 전락해 있었습니다.

칼라일은 어떤 의미에서는 굉장히 보수적인 사람으로, 그와 같은 기계 문명에 반대하며 인간의 정신력을 강조한 사람이었습니다. 그리고 그런 흐름이 실제로 독일에서 《라인 신문》(Rheinische Zeitung)을 발행하고 있던 젊은 시절의 엥겔스나 마르크스(Karl Marx, 1818~1883)에게 큰 영향을 주었습니다.

물론 《라인 신문》은 독일에서 낼 수 없게 되면서 프랑스 파리에서 발행하였습니다. 그들은 이 《라인 신문》을 통해 칼라일에 관해 계속해서 소개를 하고 있습니다. "노동자의 손발이 기계처럼 되었다", 말하자면 "인간 소외", "인간답지 않게 변해 버렸다"는 표현을 전하고 있는 거죠. 이는 영향력 있는 커다란 변곡점으로 작용하게 됩니다. 이런 의미로 보면, 마르크스주의의 출발점에 칼라일의 사상이 영향을 주었다고 할 수 있습니다.

한편, 예술 방면에서는 19세기 후반에 바그너(Wilhelm Richard Wagner, 1813~1883)가 대규모 오페라를 작곡하면서 게르만이나 그리스의 신화를 소재로 다루어 다신교 예술을 기독교 사회 내부에서 부흥시켰습니다. 그 영향을 받은 프랑스 시인 말라르메(Stéphane Mallarmé, 1842~1898)는 인도의 신화인 자타카(जातक, Jataka)와 그리스 신화 등을 소재로 시적 세계를 만들어 나갔습니다.

다시 말해서, 기독교적 세계에 대항해 다신교적 세계를 만들어가는 움직임이 상징주의 안에서 커진 것이죠.

그렇게 보면 "자연주의나 리얼리즘이라는 것이 19세기 후반의 사상이 아니라, 그것들과 섞이면서 다신교적인 민족 종교가 번성한 게 아니냐?"고 생각해 볼 수 있습니다. 또 그런 식으로 예술론의 세계적 움직임을 다시 쓸 수도 있습니다. 그와 같은 커다란 문학사, 혹은 예술사를 재작업하는 연구를 하면서, 일본의 '생명주의'도 대상에 넣으려 하였습니다.

5. 일본 생명주의의 개화

생명주의 사상가·작가·예술가			
《선구자》			
기타무라 도코쿠	오카쿠라 덴신	다카야마 조규	기노시타 나오에
니시다 기타로	구니키다 돗포	소우마 교후	하기와라 사쿠타로
와츠지 데쓰로	도쿠토미 로카	가타가미 노부루	무로우 사이세이
쓰치다 교손	시마자키 도손	이쿠타 조코	시라토리 세이고
다니카와 데쓰조	이와노 호메이	나카자와 린센	오타 미즈호
가케이 가쓰히코	아리시마 다케오	구리야가와 하쿠손	오노에 사이슈
다나카 치가쿠	무샤노코지	오가와 미메이	와카야마 보쿠스이
오스기 사카에	사네아쓰	기타하라 하쿠슈	마에다 유우구레
가가와 도요히코	야나기 무네요시	미키 로후	사이토 모키치
히라쓰카 라이초	시마무라 호게쓰	다카무라 고타로	오리쿠치 시노부
구라타 햐쿠조	가네코 치쿠스이	간바라 다이	다카하마 교시
《대략 1930~1945》			
(미야자와 겐지)	미요시 다쓰지	후쿠하라 아리노부	가와무라 리스케
나카하라 주야	오카모토 가노코	후쿠라이 도모키치	마쓰우라 하지메
《1945 이후》			
니시와키 준자부로	세리자와 고지로	오카모토 다로우	오바 미나코
다카미 준			

그렇게 보면 에머슨의 영향을 매우 강하게 받은 기타무라 도코쿠(北村透谷, 1868~1894)가 선구자적이라고 할 수 있습니다.

또 오카쿠라 덴신(岡倉天心, 1863~1913)이 있는데, 다도 (茶道)를 재정립하고, '아시아는 하나'라는 말을 하기도 하였습니다. (영어로 출간한 *The Book of Tea*(1906)라는 책에서 '다도'를 다루고 있고, *The Ideals of the East*(1903)라는 책 인트로에서 "Asia is one" 이라고 서술하고 있다.—역자 주)

그가 가리키는 아시아는 유럽이 말하는 아시아였습니다. 예를 들어, 기독교가 퍼져 있던 소아시아는 물론, 오늘날에는 그렇게 말하지 않지만, 이집트까지도 유럽인의 입장에서는 모두 아시아였습니다. 아라비아도 아시아였죠. 그리고 오카쿠라 덴신은 아시아에 스피리츄얼(spiritual)한, 정신성이 높은 문화가 있다는 말을 하기 시작했습니다.

저는 그러한 사항들을 계속 검토해 갔습니다. 그랬더니 러일전쟁 이전부터 네 사람 정도가 확실히 '생명'이라는 표현을 사용하고 있는 걸 발견했습니다. '생명중심주의', 혹은 '생명원리주의'가 나타나고 있던 겁니다. 비록 그들이 말하는 '생명'의 뜻이 정확히 무엇인지, 저로서는 명확히 알 수 없었지만, 분명하게 계속해서 그들은 '생명'을 언급하고 있었습니다.

6. 'Life'의 번역어 '生命'

오늘 강연 이후에 진행될 심포지엄과도 관련이 있습니다만, (스즈키 선생의 강연이 끝나고 "생명"이란 무엇인가: 동아시아 생명관의 사상적 토대와 원리"를 주제로 기획 심포지엄이 진행되었다.—역자 주) 일본어 '生命(せいめい, seimei)'라는 단어는 'Life'의 번역어로 만들어졌습니다. 영어 'Life'의 번역어로 메이지 시대에 대단히 유행하였습니다.

중국이나 한국에서도 비슷했다는 이야기가 심포지엄에서 나올 것 같으니, '生命(shēngmìng, 생명)'이라는 말에 관해 기본적인 것만 언급해 보겠습니다.

'生(shēng, 생)'은 인간이 양육하는 것, 스스로 양생하는 것을 뜻하고, '命(mìng, 명)'은 하늘로부터 받는 것, 즉 불교에서 말하는 '수명(壽命)'을 말합니다. 하늘에서 받는다는 것에는 한계가 있는 것이겠죠. 도교 계열의 사상에서는 "양생합시다, 스스로 생을 소중히 여깁시다"라고 하는데, 기본적으로 'せいめい(生命)'와 'shēng(生)'·'mìng(命)'은 별개의 것입니다.

물론 신경 안 쓰고 마구 사용할 때도 있습니다. 예를 들어, 『수호전』(水滸傳) 중에는 '심방변(忄)'을 쓰는 '性', 곧 '본성(本性)'을 말하는 '性'에다가 '命'을 붙여서 '性命(성명)'이라고도 사용했습니다. 중국어로는 그랬죠. 『수호전』의 호걸들이 목숨을 건 맹세를 하는 문맥 속에서 '性命'이 등장합니다. (대표적으로 조개(晁蓋)와 그의 동료들이 생신강(生辰綱)을 탈취하기로 계획할 때, "我三個若拾不得性命幫助你時, 殘酒為誓"(정말로 이 계획에 우리를 동참시켜 준다면, 우리 세 명은 목숨을 걸고 너희를 돕겠다. 지금 남은 술을 땅에 부으며 맹세하겠다)라는 구절에서 보인다.—역자 주)

민중들이 쓰는 말 중에는 가끔 혼돈해서 '심방변(忄)'이 없는 형태도 들어가 있습니다. 그리고 불교에서도, 일본을 예로 들면 『헤이케 모노가타리』(平家物語) 속에 '심방변(忄)'이 붙지 않는 '生'이라는 말이 나오는데요. 물론 이는 일본에서 잘못 사용한 사례라고 할 수 있겠지만, 이런 경우도 있어서 '生命'이라는 표현은 다루기가 상당히 번거롭습니다.

그러나 기본적으로 그것이 일본에서 정착한 것은 메이지 시대입니다. 영어의 'Life'와 대부분 의미가 겹치면서

'Life'의 번역어로써입니다. 포함하는 의미가 매우 넓어서 '사람의 목숨'을 뜻하기도 하고, 또 '생활'이나 '삶' 전체도 'Life'에 들어갑니다. 그처럼 매우 광범위한 의미의 단어인데, 그런 말이 일본어로 정착되었습니다.

이와 관련해, 우치무라 간조(內村鑑三, 1861~1930)라는 사람의 말을 예로 들면, 그는 "국가의 생명은 인민이다"라는 말을 하였습니다. 우치무라 간조는 기독교의 무교회주의(無敎會主義, Non-church movement)에 입각한 사람입니다. 여기서 '생명'은 '가장 중요한 것'을 가리키는데, 그렇게 정착되면서 일본어로 어떤 의미로든 무엇의 '본질'을 말할 때 '생명'이라는 표현을 사용합니다. 즉, 그게 없으면 어떤 것도 성립하지 않는 '본질'을 말할 때 쓰는 것이죠.

강연 자료에 예로 든 사람들은 모두 거물급 인사인데, 보셨던 것처럼 이렇게 많은 사람들이 어느 순간, 혹은 평생에 걸쳐 '생명'이라는 말을 사용하였습니다. 그 맥락을 하나하나 조사해 나갔고, 이를 『생명관의 탐구』라는 책으로 엮었습니다.

7. 좌·우를 넘나드는 '생명'

잠시, 보족이지만, 『생명관의 탐구』에서는 와쓰지 데쓰로 (和辻哲郎, 1889~1960)라는 인물에 관해서는 다루지 않았는데, 와쓰지 데쓰로는 니체 철학에 관해 해설을 쓰다가 '생명주의'로 전향하게 되고, '우주 대생명'과 같은 개념을 주장하였습니다. 와쓰지에 관해서는 이후에 다른 논문에서 다루었습니다.

시라카바파(白樺派) (문학동인지 『시라카바』(白樺, 1910~1923)를 중심으로 일어난 문예 사조이자 그 이념과 작풍을 공유했던 작가들을 가리킨다. 생명주의, 인도주의, 개인주의적인 작풍이 특징이다.—역자 주) 출신 사람들과 구니키타 돗포, 혹은 토론에서 언급될지도 모르겠는데, 천황을 '현인신(現人神)'이라고 말한 가케이 가쓰히코(筧克彦, 1872~1961)라는 도쿄제국대학 법학부 교수는 천황을 '우주 대생명'의 현현(顯現)이라고도 주장하였습니다. 그는 과거 식민지였던 조선과 대만에서 활동했고, 만주까지 위세를 떨치며 다니기도 했습니다.

그리고 오스기 사카에(大杉栄, 1885~1923)가 있는데, 아나키스트이자 생디칼리스트(syndicaliste)입니다. 그는 20세기 초, 일본의 사회주의가 탄압받은 이후 노동운동 활동을 펼치며 크게 활약해서 큰 인기를 얻었는데, 그런 오스기도 투쟁을 통해 '생명'의 꽃을 피워야 한다고 주장했습니다.

다시 말해, 좌익도 우익도 모두 '생명'을 구가했던 것이죠. 생명이란 말은 이 정도로 넓은 확장성을 가지고 있었습니다. 당연히 히라쓰카 라이초(平塚らいてう, 1886~1971) 같은 여성들도 있었습니다. 게다가 나중에 엄청난 천황주의자로 변모하는 구라타 햐쿠조(倉田百三, 1891~1943) 같은 사람들도 있었습니다.

그래서 "이 정도로 많이 있다. 일본에 바이탈리즘이 없었던 것처럼 이야기들 해 왔지만 그렇지 않다. 오히려 일본에서 바이탈리즘이 굉장히 성행했고, 그들 덕분에 예술이 엄청나게 번성할 수 있었다"고 책 속에 하나하나 예를 들어 전부 언급하였습니다.

그중에는 비판적 시각에 선 사람들도 있었습니다. 물론 그렇게 많지는 않았지만요. 모른 척했던 겁니다. 특히 리얼리즘으로 일관했던 사람들은 생명이란 말을 그다지 언급하지 않았습니다. 하지만 그들 이외에도 수상한 사람이 많았습니다. "잘 모르겠다"거나 "그에 관해서는 어떤 말도 하지 않겠다"고 한 사람들도 있었으니, 아직 좀 더 분석해 보면 다양한 경우가 나올 겁니다.

미야자와 겐지(宮澤賢治, 1896~1933)라는 시인은 기계론적 사유에 입각해 있으면서도, '우주 유기체'와 같은 생명주의적 이야기도 하였습니다. 한 사람 안에서 반대되는 사상을 가졌던 케이스라 할 수 있죠.

8. 상징으로서의 '생명'

작년에 저는 《시회》(詩の会)라는 곳에서 하기와라 사쿠타로 (萩原朔太郎, 1886~1942)에 대해 발표한 적이 있습니다. 그때 문득 알게 된 건데, 이런 구절이 있습니다. "만유의 생명의 본능이 고독하여(萬有の生命の本能の孤獨なる)" 모든 것에 생 명이 있고 거기에 본능이 있으나 그것이 인간을 고독하게 만든다고 이 구절에서는 말합니다. 시집 『푸른 고양이』(青 猫, 1923) 속에서 하기와라 사쿠타로의 시는 그렇게 그리고 있습니다.

그리고 「자연 뒤에 숨어 있다」(自然の背後に隠れて居る)는 시에서는 "보이지 않는 생물의 움직임을 느꼈다"(見えない生 き物の動作をかんじた)는 구절이 자주 나옵니다.

흐르러가고 있는 애상의 꿈의 그림자 깊은 곳에서
나는 알 수 없는 신비를 생각한다

만유의 생명의 본능이 고독하여

영원히 영원히 고독한 정서가 너무나 화려하다.

　　　　──「화려한 정서(花やかなる情緒)」의 한 구절
　　　　　　　　　　　『푸른 고양이』(青猫, 1923)

우리들은 아득한 언덕 너머에서

넓디 넓은 자연에서 살고 있다

숨어있는 만상의 비밀스러운 속삭임을 듣고

보이지 않는 생물의 움직임을 느꼈다

　　　「자연 뒤에 숨어 있다」(自然の背後に隠れて居る)의 한 구절
　　　　　　　　　　　『푸른 고양이』(青猫, 1923)

　　나카 다로(那珂太郎, 1922~2014)라는 시인이 있는데, 그는 「하기와라 사쿠타로 시에 대한 개관」(萩原朔太郎の詩の概観, 1970)이라는 비평 속에서 "작가의 생의식(生意識)이야말로 독창적일 정도로 현대적이다"라고 말하고 있습니다.

　　그리고 상징주의 시에 대한 한 가지 해석으로 "말 자

체가 생명"을 가지고 있다고 평가합니다. 시인이 시를 쓰는 행위 보다, 시 그 자체의 말이 생명을 지니고 있어서 독자에게 작용한다는 생각이 상징주의적 사유에는 있는 것이죠. "아, 그랬구나! 내가 나카 시인에게 자극을 받아 하기와라 사쿠타로를 생명주의로 봤던 거구나." 그때 저는 비로소 깨달았습니다. 이와 관련해 올해 들어 사계파(四季派) 잡지에 논문을 내기도 하였습니다.(스즈키 사다미(鈴木貞美)「하기와라 사쿠타로-시와 시론의 위상」(萩原朔太郎―詩と詩論の位置[抄]),『사계파학회논집』(四季派学会論集) 28집 참조.―역자 주)

그렇게 생각하면 말이죠. 일본의 생명주의는 상당히 강한 성령파(聖靈派) 계통의 스피리츄얼리즘, 그리고 또 하나는 생물 진화론을 펼친 다윈(Charles Darwin, 1809~1882)의 영향을 받았다고 할 수 있습니다. 오스기 사카에를 봐도 정말 그랬죠.

여기에 또 하나의 특징이랄 게 있는데, 니체가 그러했듯이 에너지 일원론을 '생명'으로 치환해서 표현합니다. '바이탈 에너지'(Vital Energy)처럼 말이죠. 에너지 일원론은 물리학 개념으로, 물리학을 역학(力學)이 아니라 에너지로 보는 생각입니다.

이렇게 여러 가지를 뒤섞어서 신(神)·유(儒)·불(佛)·도(道)의 전통 사상으로 받아들인 게 바로 일본의 바이탈리즘, 생명주의였습니다. 많은 사람들이 각기 다양한 경향성을 띠고 활동한 것이 생명주의였던 거죠. 이 정도로 다채롭게 많은 사람들이 등장하는 건 일본만의 특성이 아닐까, 싶기도 합니다.

9. 다양한 리셉터

신토(神道)로 받아들인 사람도 있었고, 유학(儒學)으로 받아들인 사람, 불교로 받아들인 사람, 도교로 받아들인 사람도 있었습니다. 저는 이러한 과정을 책에서 '리셉터(Receptor)'라는 용어를 사용해 설명해 봤습니다.

어떤 이상적인 말을 들어도 몸에서 받아들일 수 없으면, 쑥하고 빠져나가 버리고 말죠. 머릿속에 들어간 듯해도 소화되지 못하고 빠져나가 버립니다. 즉 우리가 생각을 하고, 행동을 할 때 '무엇인가를 통해' 받아들인다고 가정을 한 것입니다.

그 과정, 곧 받아들이는 방식에 따라 새로 외부에서 들어온 것이라도 선입견을 두고 이해하기도 합니다. 또 반대로 받아들이는 쪽의 원래 생각이 바뀌기도 하죠. 그래서 받아들여진 것과 받아들인 쪽 모두가 어떻게 바뀌는지, 그 변화의 양상을 계속 추적하였습니다.

다음은 최근에 자주 대표적인 예로 이야기하는 것입니다.

우승열패(優勝劣敗)는 천리(天理)다.

약육강식은 자연이다.

우주는 생명의 주고받음이다.

(중략)

필경 우주는 바로 순환(環), 생명은 공통,

강한 자도 약하고 약한 자도 강하며,

죽은 이가 살아나고 살아있는 이가 죽으며,

이긴 자가 지고 진 자가 이기며,

먹는 자가 먹히고 먹히는 자가 오히려 먹는다.

반야심경(般若心經)에 이르기를

부증불감(不增不減) 불생불멸(不生不滅) 불구부정(不
垢不淨),

우주의 본체는 참으로 이것이다.

___ 도쿠토미 로카(德富蘆花) 「먹히는 자」(食はれるもの)의
한 구절 『지렁이의 허튼 소리』(みゝずのたはごと, 1912)

도쿠토미 로카(德富蘆花, 1868~1927)라는 시인이 있습니

다. 『지렁이의 허튼 소리』(みゝずのたはごと)라는 에세이집을 다이쇼(大正) 원년인 1912년에 발행했는데, 베스트셀러가 되어 간토대지진(關東大地震)이 있던 1923년까지 약 10년 동안 굉장한 인기를 끌었습니다. 한때는 엄청나게 유명 인사였는데, 오랫동안 잊힌 사람입니다.

"우승열패는 천리다"라는 구절에서 우승열패는 다윈의 생존투쟁론을 가리키는 데, 그것을 하늘의 이치로 설명합니다. 약육강식은 자연스러운 일로 본연의 것이며, 우주는 생명의 주고받음이라 말하고 있죠. 약하든, 강하든, 세균처럼 아주 미세한 것이 먹히기도 하고 반대로 상대를 죽이기도 하죠. 이를 '주고받음'으로 표현한 겁니다.

그것을 곧바로 "반야심경에 이르길"이라는 식으로 불경의 구절과 연결해 버립니다. "부증불감(不增不減) 불생불멸(不生不滅) 불구부정(不垢不淨)"이 곧 참된 '우주의 본체'라고 하는데, 반야심경은 늘지도 줄지도 않고, 나지도 멸하지도 않으며, 때 묻거나 깨끗해지지도 않는다고 말하고 있죠.

그런데 원래 이 불경의 문구는 '우주의 생명'이 늘어나거나 줄어들지 않는다는 뜻이 아니라, '다함이 없이 매우 많다', '무진장하다'고 해석해야 합니다.

　　이 시는 에너지 일원론으로 에너지 보존법칙을 복잡하게 해석하고, 또 생물진화론을 유학의 천리에 대입하고, 불교와 에너지 보존법칙을 연결해 버립니다. 생명주의라는 것은 이렇게 만들어지는 것이죠. 모두 뒤섞어서 생명이라는 말로 뭉뚱그려버리면 어떤 말도 할 수 있게 됩니다.

　　재밌다고 하면 재밌는 과정입니다. 개념을 얼마든지 조합할 수 있는 것이죠. 하지만 위험하다고 본다면 너무 위험한 방식입니다. 본질을 무시하고 간단히 관련지어 버리거나 종합해 버리는 힘이 '생명'이라는 말에는 있습니다. 바로 이 점이 굉장히 위험하다는 겁니다.

10. 생명주의 모식도

요약하자면, 다음과 같습니다.

"개개인의 마음속 깊이 생명이 있다." 이것은 윌리엄 제임스(William James, 1842~1910)도 말했듯이, 의식의 밑바닥에 생명이 흐르고 있다는 뜻입니다. 그는 대서양을 사이에 두고 앙리 베르그송과도 친하게 교류하였습니다.

아래 도식에서 알 수 있듯이, 생명이 순환하면서 우주 전체, 그리고 지구, 인류, 생물, 이렇게 다양한 단위를 관통해 흐르게 됩니다.

이 흐름을 개인에서 가족까지 적용하면 가족주의가 되고, 국가(민족)로까지 넓혀 적용하면 국가유기체론이 됩니다. 그리고 인류와 하나가 되면 인도주의, 즉 휴머니즘이 됩니다. 시라카바파가 말하는 휴머니즘 말이죠. '자연의 생명과의 합일'이라는 것도 간단히 말할 수 있게 됩니다. '우주 대생명과의 합일' 역시 가능해집니다. 이런 도식은 동양 사상을 배경으로 쉽게 만들어져버립니다.

저는 이런 모식도를 만들어 놓고, '이 사람은 어디에

생명주의 모식도

우주

지구(자연)

생물

인류

아시아

국가(민족)

사회

향토

가족

개인(心)

생명 (=신) (=energy) (=물질)

우주대생명과의 합일

자연의 생명과의 합일

인도주의

국가유기체론

속할까?' 고민해 포지션을 결정해 왔습니다.

"신은 생명이다.", "신이 우주를 만들었다." 즉 신이 세상을 그 '외부'에서 창조했다고 보는 것은 유대교와 기독교, 이슬람뿐입니다.

이에 반해, 플라톤과 아리스토텔레스 같은 사람들은 신이 우주의 내부에서 전체를 움직이고 있다고 보았습니다. 게다가 도교(道教)나 역경(易經), 노장사상(老莊思想)에서는 근원적 상태, 곧 아무것도 없는 빈 곳에서부터 여러 가지가 생겨났다는 우주관을 갖고 있는데, 이와도 완전히 다른 걸 알 수 있죠. 유대교, 기독교, 이슬람교만이 세상을 외부에서 신이 만들었다고 보는 겁니다.

세상의 내부에 신이 있으면서 바로 그 세상을 움직이고 있다는 사상은 무척 많이 있습니다. 다신교가 아닌 일신교의 경우에도 그렇습니다. 아리스토텔레스도 마찬가진데, 그런 사고방식을 분류하는 데에도 이 모식도를 사용할 수 있습니다.

11. '우주 대생명' 천황

일본의 경우, 그게 굉장히 극단적으로 나타난 사람이 가케이 가쓰히코라는 사람입니다. 도쿄 제국대학 법학부 교수입니다.

> 古神道に於て神と観念して居るものは、唯一絶対なる大生命及び其の表現者に外ならない。
>
> 고신토에서 신이라고 관념화하고 있는 것은 유일하고 절대적인 대생명 및 그 표현자 바로 그것이다.
>
> —— 가케이 가쓰히코(筧克彦)『속 고신토대의, 하권』
> (続古神道大義, 下巻, 1915)

여기서 '표현자'라는 것은 '우주의 대생명', '세계의 대생명', '민족의 생명'의 표현자인 천황이라는 관념이 만들어집니다. 그 시기는 1915년입니다. 그 이후에, 이것으로 불교도 일본 신토에 동화되지 않았는가, 기독교

도 동화될 수 있고, 그만큼 대단한 힘을 가지고 있다는 주장이『신 그대로의 길』(神ながらの道)에 드러납니다. 이 책은 1926년(大正15) 내무성 신사국(内務省神社局), 즉 내무성에서 나옵니다. 이 책은 가케이가 데이메이 황후(貞明皇后, 1884~1951)에게 연속해서 강의를 했는데, 그 강의를 정리한 것이『신 그대로의 길』입니다.

이 사람이 여러 방면에서 상당한 힘을 발휘하게 되지요. 그리고 마지막에 어떻게 되느냐 하면, 신기원(神祇院)이 1940년에 생기는데,『신사본의』(神社本義)를 1944년에 간행합니다.

국민은…… 대대로 천황을 모시며 충효의 미덕을 발휘하여 그렇게 군민(君民)이 일치하는 비할 데 없는 하나의 대가족 국가를 형성하고 무궁하게 끊어지지 않는 국가의 생명이 생생하게 발전해 가고 있다. 이것이 우리 국체(國體)의 정화(精華)이다.

——— 신기원(神祇院) 편『신사본의』(神社本義, 1944)

여기에 '국가의 생명'이라는 말이 나오고 있지요. 국가는 생명을 가지고 있다는 겁니다. 그래서 변화무쌍하게 계속해서 발전한다. 이것이 우리 국체(國體)의 정수다.『신사본의』를 만들 때, 이런 사상은 가케이 가쓰히코의 주장을 접목했기 때문입니다.

이제까지 가케이의 영향은 그다지 없었다고들 이야기되곤 했습니다만, 그가 근본적으로 가지고 있던 사상은 이와 같은 것이었습니다. 그것이 1944년, 태평양 전쟁에서 이미 지고 있을 때 일본의 '국체 사상'으로 구축되어 갔던 것입니다.

막다른 길까지 간 거예요. 즉, 생명주의는 우주의 생명이 아니라 그것을 대표하는 것이 일본이 되어 버린 셈이죠. 이처럼 보편주의가 내셔널리즘에 흡수되어 버리는 일이 언제든 일어날 수 있습니다.

특공대니, 뭐니, 말하지만, 역시 민족의 생명에 목숨을 바치거나, 일체화하여 살거나, 그리고 그것은 지금도 마찬가지여서 이슬람교의 자폭테러 같은 경우에도 이슬람이라는 무슬림 민족의 생명에 일체화해 가는, 그런 가혹

한 세상에 살아가기보다는 자폭테러라도 해서 민족의 생명에 일체화하여 가는 편이 더 보람 있다는 것이 간단히 만들어지는 것입니다.

그런 무서운 부분도 생명주의에는 있다고 말할 수 있습니다.

12. 일본인의 '자연관'

저는 앞서 칼라일이 산업혁명 이후 인간의 활동이 모두 기계처럼 되어버렸고, 임금 노동으로 모두 지배당하고 있다는 점까지 분명하게 말했다는 점을 이야기했습니다.

특별히 그가 좌익이었던 것은 아니지만, 이는 엥겔스나 마르크스에게 영향을 주어서 자본과 임금 노동에 관한 이론이 만들어지게 됩니다. 그런 흐름에서 근대란 인간 소외의 시대라고 간단히 말한다면, 이런 식으로 시작되어 한편에서는 마르크스주의가 성립되어 그것이 소련을 만들게 되는 원리가 되었던 겁니다. 다른 한편에서는 나치스의 국가사회주의로도 나아갑니다.

이런 흐름은 근대 산업혁명 이후의 시대에 대해 '그것은 좋지 않아', '인간 소외다'라는 관점에서 양심적으로 생각했던 사람들이 있었습니다. 하지만 그런 관계의 한편에서는 나치즘으로, 또 한편으로는 소련을 탄생시키기도 했던 그런 흐름이 되기도 했습니다.

예술 분야에서는 다신교의 스피리추얼리즘

(Spiritualism)으로 상당히 흘러가 상징주의가 되었습니다. 프랑스에서는 말라르메나 베를렌(Paul-Marie Verlaine, 1844년-1896), 랭보(Jean Nicolas Arthur Rimbaud, 1854~1891) 같은 시인들을 탄생시키게 됩니다.

그런 역사관이랄 것을 전개하는데, 일본에서는 어땠을까요? 답해 보면, 예술을 풍성하게 만들었지만, 가케히 가쓰히코 같은 사람이 등장해 천황을 인간의 모습을 한 신(現人神)으로 칭송하는 사상을 만들기도 했지요. 생명주의의 위험한 면, 그리고 특별히 전쟁 사상을 내포하고 있지 않았던 우주 대생명 같은 개념도, 그것이 내셔널리즘과 결합하면 엄청난 전쟁 사상이 되기도 합니다.

그런 여러 가지 측면이 있다고 말할 수 있습니다. 그리고 이를 '근대의 초극'과 결부시켜 설명했습니다.

『일본의 자연관』(日本人の自然観, 鈴木貞美, 2016)이라고 꽤나 두꺼운 책을 내었습니다. 제가 직접 말하기려니 쑥스럽습니다만, 일본인의 생명관에 관해, 특히 중국과의 관계에 천착해서 자세히 다루고 있습니다. 그런 면에서 "가장 상세한 책"이라고 무라카미 요이치로(村上陽一郎, 1936-) 선생이 말해주셨습니다. 그는 과학사가죠, 유명한 사람인데, 그런 분이 언급해 주신 책입니다.

이 책이 다루는 자연관 중에서 가장 마지막에 나오는 내용으로 오니시 요시노리(大西克礼, 1888~1959)라는 사람을 다루었습니다. 도쿄 제국대학에서 미학을 가르치던 교수로『유겐과 아와레』(幽玄とあはれ, 1939)이라는 책을 씁니다. 이것은 아직 오니시의 미학사 관련 초기의 저술입니다. 1938년의 중일전쟁이 격화되고 있던 시절에 쓰였습니다.

그 후의 저술인『만엽집의 자연감정』(萬葉集の自然感情, 1943)에서 유럽과 대비해서 그리스 고전 영웅 서사시(epic)나 서양 낭만주의에서는 대조적으로 자연과 인간 정신의 괴리를 전제로 뿔뿔이 떨어져 있다는 시각이 전제로 깔려 있는데, 그에 비해 일본인의 경우는 자연과의 교환이 처음부터 만들어져있었다는 이론을 주장합니다.

이 사람은 서양 미학에 굉장히 정통한 사람이었습니다만, 서양 미학의 다양한 국면을 무리하게 전부『만엽집』(萬葉集)과 비교하여 편입시킵니다. 뛰어난 사람이지만, 그런 일을 순식간에 해버린 것이죠.

"자연과 우주에 산재한 근원적 생명의 통일"이라고 말하고 있습니다. 우주에 근원적 생명이 퍼져있다는 생명 보편주의 사상을 『만엽집』 시대부터 일본인은 가지고 있었다는 거예요.

이렇게 기술한 것은 일본이 전쟁에서 막다른 길에 이르기 시작한 1943년의 일입니다. 물론 이때는 태평양 전쟁의 승패가 아직 완전히 정해지지 않았던 때입니다. 앞서 말씀드린 신기원이 등장할 때는 완전히 패배가 정해진 때였지만요. 오니시의 이런 생명관을 '생명미관(生命美観)'이라고 칭해야 할지 모르겠지만, 결국은 마지막에는 여기에 도달했던 거죠.

『만엽집』의 근본이 되는 정신입니다. 인생의 무상관(無常観)을 자연현상에 투입하고 체험하는 것이 불교적인 '무상'이라는 불교의 사상을 미학적 관점으로 재해석하는 겁니다. 그런 개념 조작이 간단히 생명이라는 키워드를 사용하면 가능하다는, 일종의 우려를 자아내는 바가 있습니다.

13. '일본은 원래 그러하다'는 오류

일본이 2차 세계대전 후에는 오니시 요시노리 선생 사상의 반대편에 서게 됩니다. 갑자기 "전근대 일본에는 화조풍월(花鳥風月)을 각기 사랑한다는 사상은 있지만, 전체로서의 자연을 대상화하는 사상은 없었습니다", "개별의 화조풍월은 사랑해도 전체를 대상화하지 않고 자연과의 교환으로 만들어 버렸다"고들 모두 말하기 시작합니다.

오노 스스무(大野晋, 1919~2008) 선생의 『일본어의 연륜』(日本語の年輪, 1966)이란 책은 일본어를 가르치는 일본어 선생이라면 대부분 읽을 텐데, 한국의 선생도요. 그 책 맨 처음에 나오는 말인데, 굉장히 놀라워요. 신쵸사(新潮社)에서 문고본으로도 간행해서 많은 사람들이 읽었습니다.

"'자연'은 'nature'의 번역어로 처음으로 성립했다." 이렇게 맨 처음 머리말에 바로 나옵니다. 그리고 한동안 무척이나 읽힌 『번역의 사상-'자연'과 nature』(翻訳の思想 「自然」とnature, 1977)라는 야나부 아키라(柳父章, 1928~2018) 선생의 책도 있습니다. 역시나 문고판으로도 발매되어 대중적으로 많이 읽혔습니다.

이 책에서는 원래 '自然'이라는 한자를 일본에서 오음(吳音)(한음(漢音)이 들어오기 이전에 일본에 유입되어 지식층에서 사용된 여러 가지 잡다한 기원의 한자음을 일컫는다.―역자 주)으로 '지넨(じねん)'이라 오랫동안 읽혔던 것을, 이후 모리 오가이(森鷗外, 1862~1922)가 활약하던 때인 메이지 시대에 '시젠(しぜん)'이라고 불리는 단어로 다시 탄생했다는 생각에서 '번역의 사상'으로 새로운 'natur'가 만들어졌다고 말하는 겁니다.

미나모토 료엔(源了圓, 1920~2020) 선생이 한국에도 온 적이 있지 않을까 싶은데, 일본 사상사의 대표적 이론가였던 분입니다. 이분도 이와나미 강좌(岩波講座)에서 그런 글을 쓰셨어요. 물론 굉장히 대충 쓰여 있지만, 일부러 그런 거죠. 그리고 문예평론가인 나카무라 미쓰오(中村光夫, 1911~1988)는 이미 자연주의에 반대하는 입장인 낭만주의 입장에서 "자연주의가 객관적인 묘사를 성립시켰다"는 식으로 계속 여러 번 말하고 있어요.

조금 아류에서는, 아류라고 부른다면 가라타니 고진

(柄谷行人, 1941)에게 혼날지도 모르겠지만, 가라타니 선생은 '풍경의 발견'을 주장해서 한때 큰 화제를 불러일으키기도 했죠. 그런데 조금 생각하면 이상한 이야기죠. 옛날부터 아시아에 풍경 같은 건 얼마든지 있었잖아요. 가라타니 선생은 '내면'과 '외부'가 조응하면 근대적인 자아가 생긴다든지, 개인의 '내면'이 '외부'의 풍경과 조응해서 근대적 자아가 생긴다는 것을 구니키다 돗포(国木田独歩, 1871~1908)가 완성했다든가, 원근법이 있었다는 등 다소 놀랄 만한 말을 해서 미국에서 1억 엔을 받았죠. 미국의 포스트모던 논쟁이나 낭만주의에 대한 반성 같은 것이 이런 식으로 일본에서 입증 가능해지는 듯 해서 미국인들이 좋아했던 거죠.

1980년대까지는 이러한 것들이 주류였습니다. 저는 이런 주장들에 비판적인 말을 해서 미움을 받았지만서도요.

하지만 그렇지 않습니다. 상징주의는 이미 들어와 있었어요. 모리 오가이나 우에다 빈 같은 사람들이 마테를링크를 번역한 후에는 다들 그쪽으로 가버렸습니다. 자연주의를 자칭한 사람들이 모두 상징주의론을 쓰고 있었던 것

입니다. 그래서 뒤죽박죽되어 버렸죠, 다야마 가타이(田山
花袋, 1872~1930)도. 그렇게 해서 문학사 다시 쓰기라는 작업
을 하고 있는 겁니다.

14. 'nature'를 自然으로

그리고 "nature"의 번역어는 에도막부 말기에 나온 일본 최초의 영일사전인 『영화대역소진사서』(英和対訳袖珍辞書, 1862)에 나옵니다. '천지자연(天地自然)'이라고 나오는데, 천연(天然)이라는 말은 천지자연의 줄임말이고, 메이지 유신 직후 시바타 마사요시(柴田昌吉, 1842~1901), 고야스 다카시(子安峻, 1836~1898)가 편찬한 『영화자휘』(附音挿図英和字彙, 1873)에도 nature의 번역어로 '천지, 만물, 우주, 품종', 여기서 '품종'은 종류를 뜻합니다. 그리고 이어서 '본체, 자연, 천리, 성질'이라고 나옵니다만, 예를 들어 'her nature'를 '그녀의 성격'이라 번역하듯이 nature는 이렇듯 다의적인 단어입니다.

영어 nature가 다의적이기 때문에 이런 여러 가지 번역어가 대입되는 겁니다. 에도 시대에 이런 말들이 모두 번역어로 대입되었던 것이죠. 『언해』(言海, 大槻文彦 저, 1886)에서도 nature의 번역을 '시젠(しぜん): 저절로 그렇게 되는 것'이라 정의합니다, 원래라면 이에 해당하는 한자 '自然'

을 '지넨(じねん)'이라 발음했어야 합니다만.

그리고 '천연'이라는 단어는 '천지자연'이라는 표현으로 『능운집』(凌雲集, 814)에 나옵니다. 이후 준나 천황(淳和天皇, 재위 823~833)의 시에 "수류장제천연대"(水流長製天然帶)라고 등장합니다. '물의 흐름은 천연의 띠를 길게 형성한다'라는 시입니다.

'자연'의 일본어 발음에 관해 이야기하자면 조금 번거로워집니다만, '시젠(しぜん)'이라는 발음으로 등장하는 것은 『헤이케모노가타리』(平家物語)에서 무사의 말 가운데 등장합니다. 그 뜻은 '만일'이라는 의미로 쓰였습니다. 전통적인 한자어인 '自然'의 뜻을 풀어보면 '저절로 그러하다'이기 때문에 이대로 기세에 편승해 간다면 자신이 의도한 바가 아닌 '만일의 경우'가 생긴다와 같은 의미로 전환되었던 것입니다. '시젠'으로 말이죠.

전통적인 발음인 지넨(じねん)은 '저절로 그러하다'를 뜻했습니다. 그런데 '시젠'은 무사들의 용어로, 미나모토 노 요리토모(源賴朝, 1147~1199) 등이 사용한 말에도 등장합니다.

일본어-포르투갈어 사전인 『일포사전』(日葡辞書, 1603)에는 'shizén'이 '만일'의 의미로 나옵니다. 에도시대가 되면 한음(漢音)으로 '自然'을 읽는 '시젠(しぜん)'은 '만일'이라는 말로 정착되었습니다. 이에 관해 더 설명하자면 길어지니 이쯤에서 일본어 한자 발음에 관한 설명은 그만두겠습니다.

그런데 잠시 생각해 보면요. "nature"에 해당하는 말로 '자연'이 아니라 '천지(天地)'라는 단어가 있었잖아요. 일본 고유 말(大和言葉)로도 '아메쓰치(あめつち)'라는 말로 말이죠. 『만엽집』에 얼마든지 나옵니다. 총 4,516수 중에서 63수 정도로요.

오노 스스무 선생이 그런 말을 했다는 것은 정말로 믿을 수 없을 정도입니다. 앞서도 말씀드렸습니다만, 일본 국어학의 진정한 일인자로 불렸던 분입니다. 물론 만년에는 좀 이상해져서, 인도의 타밀어가 일본어의 기원이라고 주장하기도 하셨죠. 물론 그럴 리가 없다는 말들을 들으셨습니다만, 국어학에서 크게 활약한 선생입니다.

저와도 그렇게 사이가 나쁘지 않았습니다만, 돌아가

시기 전에 선생의 주장을 반박하는 글을 썼습니다. 학술심 포지움 등에서 여러 가지로 같이 논의하던 중에 조금 이상하다는 점을 느끼게 되어 이후에 반박하는 글을 썼던 것입니다.

'天地'라는 단어는 말이죠, 일본어로 '아메쓰치(あめつち)', 중국어로는 '티엔디(tiāndi)'라 하고, 만요가나(万葉仮名)에도 있습니다. 그럼에도 일본인 일류 학자들이 왜 그런 큰 실수를 했던 것일까요 하는 글이었습니다.

그러면서 전쟁기간 동안 '자연과 하나가 되어 살아 간다', '일본인은 자연과 교감하면서 산다'는 것에 대해서, "아니, 그런 것은 메이지 시대가 되어 대상화된 것이다"라 는 식으로 뒤집어지게 된 겁니다.

그런 것이 다소 우려스러운 일로 나타나는 겁니다.

마사오카 시키(正岡子規, 1867~1902)도 "사생(寫生)이다. 사생이다"라거나 "리얼리즘이다"라고 이야기되어 왔습니 다. 하지만 '천연(네이쳐)를 모사(模寫)'하는 게 '심리에서 생 기는 표상', '마음속의 그림자'인 그것을, 다시 말해 '인상' 을 그린다고 말하고 있습니다. 마사오카 시키도 말이죠.(마

사요카 시키「우리나라에 단편 운문이 시작된 이유를 논하다」(我邦に短篇 韻文の起りし所以を論ず, 1892)를 참조.—역자 주)

조금 더 설명해 보면, 원래 상징주의 시인인 가네코 군엔(金子薫園, 1876~1951)도 신비적인 상징으로 기운생동(氣 韻生動)을 가리킨다고, 이미 20세기에 들어 『서경시』(叙景詩, 1900)의 머리말에서 말했습니다.

표현론 수준에서 말하자면, 리얼리즘이나 자연주의 모두 20세기가 되면 완전히 달라집니다. 큰 혼란에 빠졌 었다고 할 수 있습니다. 그런 것을 다시 살펴보자고 주장 하는 겁니다.

15. 지구환경위기와 생명관

나머지는 다들 잘 아시겠지만, 지구 환경 위기의 문제점만 언급해 보겠습니다.

　여러 사람들의 보고를 읽어보면 인류세(人類世, Anthropocene)이라고 하나요? 다들 비교적 많이 사용하고 있는데, 저는 아직 그러한 표현을 사용하기는 좀 주저하게 되네요. 주장하는 것은 좋습니다. 인간이, 인간의 활동이 지구에 변조를 일으키고 있음이 분명하기 때문에 그렇게 주장하는 것은 좋습니다만, 언제부터 그런 시대로 접어들었는지는 아직은 가설적인 이론입니다.

　어디가 시작일까요? 산업혁명일까요? 그렇지만 바로 그렇게 된 건 아니죠. 산업혁명 때도 컨트롤하려던 움직임이 있었습니다. 영국은 위험하다며 박물학, 즉 자연을 애호하자는 의미에서 박물학이라는 것을 개발하기도 했고, 자연을 보호한다면서 내셔널 트러스트(National Trust, 문화유산과 자연 환경을 보호하고 보존하는 비영리 단체)도 이 무렵에 이미 만들어졌습니다.(1895년)

그런 것에 제동이 없었던 게 일본입니다. 에도 시대부터 사실 공해가 발생하고 있었다는 사실이 밝혀졌고, 그때는 석고제(石高制)로 농민을 보호해야 했기 때문에 그렇게 크게 소란스럽지 않았습니다. 하지만 아시오광산(足尾銅山)의 공해는 심했습니다. 광산에서 계속해서 흘러나오는 중금속이 녹아든 물과 제련할 때 발생한 연기는 산의 나무를 고사시켰죠. 폐수는 중류 지역 물고기마저 떼죽음에 이르게 했죠. 논밭에도 모두 폐수가 흘러 들어가 공해가 일어났습니다.

정말 엄청난 소동이 일어난 것입니다. 지역적으로 아시오뿐 아니라, 인근 지대의 현의회 의원들도 문제를 제기하며 항의했습니다. 도쿄에도 상경해서 시위도 벌였습니다.

결국 해결책으로 내놓은 것은 침전지(沈殿池)를 만들어 그곳에 가라앉혀 하류로 흘러가지 못하게 했을 뿐이었습니다. 보상이 나온 것은 100년 후였습니다. 미나마타병(水俣病) 관련한 재판이 일어나면서, '아, 이와 같은 일이 있었던 게 100년 전부터다'하며 문제를 제기해서 이때 아시오광산에 대한 재판 판결이 나온 것입니다.

일본인은 자연을 소중히 여긴다든가 하는 말들을 하고 있지만요. 1970년대의 일본은 미나마타병의 예가 보여주듯이 공해 선진국이었습니다. 하지만 개의치 않고 저질러 버렸던 것입니다. 일본인은 말이죠. 에도시대부터 그런 짓을 해왔어요. 에도시대에는 피해가 그렇게 커지지 않았을 뿐이었습니다.

아시오광산의 광독사건으로 끔찍한 일을 겪었음에도, 미나마타병의 수은은 구마모토(熊本) 지역뿐 아니라 니가타(新潟)에서도 이타이이타이병(イタイイタイ病)처럼 여러 가지로 발생합니다. 욧카이치 천식(四日市ぜんそく)도 일어났죠. 1970년대는 정말로 끔찍했어요. 그러면서 왜 '일본인은 자연을 사랑한다'고 이야기할까요? 그런 일을 금방 잊어버리고, 또 '일본인은 자연을 사랑한다'고 말해도 좋은 것입니까 하고 되묻고 싶습니다.

하지만 우리가 무엇을 할 수 있을지 스스로 생각해 보면 무력감에 사로잡히게 됩니다. 한국도 기온이 점점 올라가고 있고, 중국의 에너지 소비도 엄청난데, 이를 위해 무엇을 할 수 있냐고 생각해 보면 아무것도 할 수 없다며

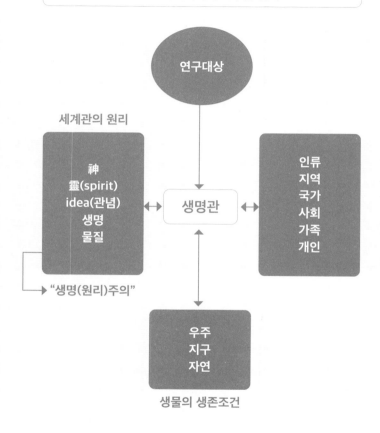

향후의 생명관 탐구

국제적·학제적 공동연구를 위해

연구대상

세계관의 원리

神
靈(spirit)
idea(관념)
생명
물질

생명관

인류
지역
국가
사회
가족
개인

→ "생명(원리)주의"

우주
지구
자연

생물의 생존조건

바로 니힐리즘에 빠져버릴 듯합니다.

　그래도 '자연은 너무나도 쉽게 파괴될 수 있습니다'라고 말은 할 수 있겠죠. 그런 운동이 중국에서도 여러 젊은이들 사이에 일어나고 있고, 그런 정도는 말해도 되지 않냐고 할 정도입니다.

　제 경우에는 일본인은 아무래도 물의 정화력에 지나치게 의존해서 물에 흘려보내면 뭐든지 깨끗하게 된다는 식으로 생각해 온 것은 아닐까 합니다. 물론 그것과 심리적인 문제는 다르지겠지만요.

　결국에는 '생명 본위'라고 이야기하는 것은 좋지만, 그것은 생물학의 생명을 말하는 것으로, '우주 대생명'이라고 부르기 시작하면 무슨 일이 벌어질지 모릅니다.

　중국도 예를 들어, 맹자가 옛날부터 소를 기르기 위해 산의 나무를 너무 많이 베면 산이 민둥산이 되고 숲이 말라버린다고 이야기했습니다. 즉, 맹자 시대부터 이야기했던 것이죠. 그런 식의 경고는 아시아의 지혜라고 해서 이미 나온 겁니다. 그것을 어떻게 사용해 갈 것인지의 이야기, 그런 것을 다시 한번 재검토해 보자는 식으로 말하는 게 결론입니다.

'생명 본위'라고 하는 것은 좋습니다. 딱히 나쁘지는 않습니다. 다만, 그 생명이라는 것이 지나치게 관념적으로 비대화되거나, 혹은 내셔널리즘에 흡수되어 민족의 생명처럼 변질되어 버리는 매우 무서운 면도 있다는 것입니다.

생명관을 중심으로 다양한 아이디어를 내놓고 서로 다듬어 나가는 일은 절대적으로 필요합니다. 저는 생명관의 탐구를 시작한 이래로 모든 사상에 등거리를 두게 되었습니다. 무책임해 보여도 어쩔 수 없지만요.

인도의 힌두교도 거기서 나왔다고 지금의 인도 사람들이 말하지만, 불교 사상도, 그런 유물론도 여러 가지가 있고, 생명주의 또한 여러 가지가 있습니다. 그런 것들을 상대화해서 자신들에게 쓸모 있는 것은 쓰고, 위험해 보이는 것은 표본으로 만들어두어야 합니다. 나치스의 역사 같은 걸 없던 셈 치자는 말은 절대 안 되죠. 대신에 제대로 박물관에 전시해 놓아야 합니다. 그렇게 확실히 해부해 나가는 게 중요하지 않냐는 것이 기껏해야 제가 할 수 있는 말이지 않을까 싶네요. 이상입니다.

Q&A

🎤 사회자

감사합니다. 선생님께서 장시간에 걸쳐 말씀해 주신 걸 거칠게 정리해 보면, 먼저 흔히 일본 내에 생명주의, 바이탈리즘이라는 건 없었고 2차 세계대전 이후부터 다양하게 전개되기 시작했다고 이야기되어 왔지만, 20세기 들어오면서부터 활발한 움직임을 보였다고 하겠습니다. 그리고 오히려 서구 유럽에서보다 더 많이 보편화해서 이야기하고 있었고, 그래서 관념 조작이라고 해야 할까요? 개념 조작의 형태로 설명 방식들이 굉장히 편하게, 또 많은 사람들이 이해하기 쉽도록 다가가는 하나의 방편이 되었다고 이해해 볼 수 있을 것 같습니다.

그렇지만 이러한 방식에 내재해 있는 위험성도 2차 세계대전 이전의 일본을 보면 알 수 있을 것 같습니다. 그래서 그 반동으로 전쟁 이후 일본에서는 조금 전에 말씀드렸던 것처럼 일본의 바이탈리즘이 없었다던가, 생명 혹은 자연에 대해 잘 이야기하지 않는 분위기가 1980년대까지 이어진 것인데, 그러한 일본 사상의 흐름 속에 빠져있는 부분들을 선생님의 작업을 통해 채워오신 것 같습니다.

오늘 제기된 문제들은 우리도 관심을 갖고 더 숙고해 봐야 할 것 같습니다. 최근에 '인류세'라고 해서 자연 파괴라던가 환경에 관해서 생명을 중심으로 생각해야 한다는 이야기들을 많이 하고 있는데, 생물학적인 관점에서 생명을 돌아보자는 것은 찬성하지만, 전쟁 이전 일본에서 했던 방식대로 생명이라는 것이 굉장히 확산되기 쉽고, 또 그것을 가지고 이야기를 만들기도 쉽기 때문에 위험성을 갖고 있다는 것, 즉 국가주의 같은 것과 연결된다든가 할 수 있는 위험성을 간과해서는 안 될 것 같습니다. 그래서 우리가 생각하는 생명관, 오늘날 우리가 가지고 있는 생명관

자체도 상대화하면서 조심스럽게 돌아봐야 하지 않겠느냐는 당부를 강연 끝에 덧붙여주신 것 같습니다.

그 외에도 많은 이슈들을 함축하고 있는 강연이었는데, 이에 관해 두 분의 선생님께서 토론을 준비해 주셨습니다. 동국대학교 김태진 교수님과 이화여자대학교 오윤호 교수님께서 토론을 맡아주셨는데요, 먼저 김태진 선생님께 토론을 부탁을 드리고, 그에 대한 답변을 듣고, 이후 오윤호 선생님의 토론으로 이어가도록 하겠습니다.

🎙 토론자 1

네, 소개받은 동국대학교 일본학과 김태진입니다. 선생님 발표 잘 들었습니다. 우선 고백하자면 오래전부터 선생님 연구의 열렬한 팬입니다. 간단히 제 소개를 드리자면 저는 근대 동아시아의 생명과 정치 담론을 주요한 연구주제로 삼고 있습니다. 정치사상 연구자로서 정치적 신체(body politic) 담론이 근대 동아시아에 어떻게 번역, 수용, 변용되었는지 관심을 갖고 연구를 진행하고 있습니다. 그런 점에서 생명이라는 키워드를 가지고 평생을 연구해 오고 계신 선생님의 연구가 많은 참조, 모범이 되고 있습니다.

오늘 강연은 20세기 서양의 '바이탈리즘=우주 대생명'의 계보가 구성되는 논의 체계를 큰 틀에서 정리하면서, 지구환경 위기 속에서 생명관의 재검토가 어떤 방식으로 현대적 위기를 극복할 자원이 될 수 있는가에 대해 시사해 주고 계십니다. 많은 공부가 되었습니다. 조금은 큰 질문일지 모르겠습니다만, 선생님께서 지금까지 작업에서 해오셨던 내용들과 관련해 오늘 못다 하신 이야기를, 그리고 저 개인적으로 듣고 싶었던 이야기를 질문드리는 방식으로 토론을 대신하고자 합니다.

먼저, 강연 중간에도 나왔듯이, 서양의 영성주의나 생물진화론, 에너지 일원론적 사유가 일본에서 신토, 유교, 불교, 도교와 같은 전통 사상 속에서 복잡하게 받아들여진 면이 있습니다. 이는 선생님이 오늘 강연에서도 잠깐 언급한 리셉터(receptor/リセプター)라는 개념으로 설명하시는 내용들과 관련될 것 같습니다.

서양의 생명 담론들이 수용되는 과정에서 랑케의 '모랄리세 에네르기'(moralische energie)나 베르그송의 '엘랑비

탈'(elan vital) 이러한 것들이 근대의 초극론 논자들에게 '도의적 생명력'이라는 방식으로 수용되거나, 또 낭만주의자들의 '생기론적 범신론(vitalistic pantheism)'이라는 것들이 가케이 가쓰히코에게 '표현범신론(表現汎神論)'적 신토론으로 변용되는 과정도 이를 잘 보여주는 것 같습니다.

그렇다면 이때 리셉터라고 하는 개념을 통해서 선생님이 설명하려고 하는 것들이 어떤 방식으로 작동하는가, 라는 지점들이 궁금해졌습니다. 리셉터로서의 전통 사상이 그냥 서양사상을 받아들이는 그릇으로 작동하는 것만이 아니라, 일종의 '고층(古層)' 내지 '기조저음(basso ostinato)'처럼 작동하면서, 거기에서 어떤 변주 내지 변용이 일어나고 있는 것처럼 보입니다. 이것을 그냥 단순히 원본과 번역본의 문제, 불충분한 원본으로서 받아들일 수밖에 없었던 비서구 국가들의 일종의 오해, 혹은 자기 해석 속에서 담론을 수용하는 과정에서 오역과 같은 방식으로 이해해야 할까요? 아니면 어떤 보편적이고 근원적인 생명이라고 하는 관념들이 만나는 과정으로 봐야 할까요? 리셉터로서, 일본의 전통 사상이 생명주의의 변용이라는 측면에서 어떻게 작용하게 되었는지 설명을 듣고 싶습니다.

두 번째는, 역시나 강연에서도 다루셨는데, 가케이 가쓰히코가 불교도 기독교도 동화할 수 있는 힘으로 바이탈리즘, 우주 대생명이라고 논의하는 것들은 전쟁 이전에 일본의 생명 담론에서 중요한 위치를 차지하는 것 같습니다. 물론 이것이 어떤 단순한 신토의 우월성이나 특이성을 강조하는 논의라기 보다는, 서양의 슐라이어마허나 딜타이의 논의를 가지고 와서, 우주 대생명으로서의 신토를 일종의 베버식으로 합리화(rationalization)하는 과정으로 보입니다.

그런데 여기서, 선생님도 지적한 바 있으시지만, 이때 가케이가 '표현'이라는 개념어를 사용하고 있는 지점에 주목할 필요가 있다고 봅니다. 그리고 이것이 당시 천황기관설 논쟁과 관련해서 '천황의 위치를 어떻게 재조정할 것인가' 하는 작업과도 관련되어 보입니다. 즉, 보편적 생명, 이후에는 민족적 생명이라고 치환되기도 하지만, 보편적 생명을 어떻게 리프리젠트(representation)할 것이가, 리프리젠트라고 하는 것이 '표현, 대리, 대표, 재현'이라는 방식으로 번역될 수 있지만, 보편적 생명이, 그러니까 우주적 대생명을 표현하는 존재로서의 천황이 어떻게 국민의 뜻을 대표, 혹은 대리, 대의할 수 있는가 하는 문제입니다.

당시의 천황기관설 논쟁과 겹쳐서 읽어보면, 천황을 어떤 생명의 한 기관으로 볼 것인지, 혹은 일본 민족이라는 생명 자체로 볼 것인지, 아니면 우주 대생명의 일종의 표현으로 볼 것인지, 이런 관점들 속에서 당시에 충돌하는 논의들이 있었던 것 같습니다. 그런 점에서 정치사상적 관점에서 천황과 생명의 관계가 궁금합니다. 왕에게 두 가지 신체가 있다는 칸토로비츠의 논의를 빌리자면 자연적 신체(body natural)와 정치적 신체(body politic)를 가지고 있다면, 천황에게는 또 다른 신체성을 부여하고자 한 측면으로서 일본에서의 정치와 생명 논의를 볼 수 있을지 궁금합니다.

물론 일반화할 수 없는 문제고, 그 안에 다양한 차이들도 있을텐데요, 강연에서 자세히 다루시진 않았지만, 저서에서 언급해 주신 바 있는 가케이 가쓰히코와 니시다 기타로의 천황과 생명론의 차이에 대해 조금 더 설명해 주시면, 이에 대한 답변이 될지도 모르겠다는 생각이 들었습니다.

마지막으로 현대적 함의와 관련해서 묻습니다. 마지막에서는 약간 좀 겸손한 말씀을 하기는 하셨는데, 선생님께서도 이미 지적한 것처럼, 보통 일반적으로 생명 관련한 논의들이 '신비주의 경향'이나 '전통 사상에 대한 동경' 등, '소박한 생명주의' 혹은 '생태주의'에 빠지게 되는 것 같기는 합니다.

그랬을 때, 선생님이 오늘 마지막에 말씀하신 내용들, 곧 자연의 취약성을 인정하면서 과거 생명 담론에 대한 재검토가 필요하다는 문제의식에는 충분히 백번 동의합니다. 하지만, 자본이나 국가의 논리에서 생명 관련한 담론이 자유롭지 않다고 한다면, 이것을 어떻게 극복할 수 있을 것인가 하는 질문이 남게 됩니다.

3.11(동일본대지진) 이후의 담론이나 인류세 문제에서도 마찬가지인데, 막연한 희망과 절망 사이를 왕복한다는 느낌이 들었습니다. 그렇다면 선생님께 말씀하신 생명 담론에서 '실천성'이라고 하는 것들을 어떻게 찾을 수 있을까요? 그리고 지금 선생님이 최근의 서양에서 논의되

고 있는 생명 담론들에 대해서도 여러 차례 논의하고 계신 것으로 알고 있습니다. 물론 일반화할 수 없는 문제이긴 하지만 그때 놓치고 있는 부분이 있다면 어떤 것이 있는지, 그리고 이를 오늘날 되살리기 위해서는 어떤 논의가 추가로 필요하다고 보시는지가 궁금합니다.

이는 생명관이라는 것들이 어떻게 바뀌는가 하는, 보다 더 큰 질문과 관련될지 모르겠습니다. 생명관이는 것, 혹은 자연관이라는 게 어떤 실체를 갖고 있기보다는 각각의 시대, 각각의 장소마다, 다양한 담론 간의 투쟁으로 존재할 수밖에 없다면, 그리고 생명관이 아니라 다른 담론들과의 관계성 속에서 논의될 수밖에 없다면, 선생님께서 보시는 일본인의 자연관 내지 생명관이 어떤 방식으로 실천적인 접근을 가능케 할 루트가 될까, 이런 것들이 궁금해졌습니다. 이것이 단순히 과거 회귀적인 차원이라거나, 당위성을 강조하는 차원을 넘어서 우리에게 어떤 새로운 사유의 지평을 열어줄 수 있을지, 역시나 궁금합니다.

다소 난삽한 면이 있습니다만, 정리하자면, 첫 번째로는 사상의 수용에서의 변용의 문제, 두 번째, 생명과 정

치의 관계, 세 번째, 현대적 함의의 실천적 가능성 정도로
요약할 수 있겠습니다. 선생님의 고견을 듣고자 합니다.

● 스즈키 사다미 선생님

감사합니다. 하나는 타당한 논의라고 생각합니다. 저는
'고층'이나 '기조저음'이라는 말은 너무 편리한 표현이라
생각합니다. 마루야마 마사오(丸山眞男, 1914~1996) 선생의
표현입니다만. 마루야마 선생도 그가 사용할 때는 역사의
식의 고층이라는 것을 완전히 관념적으로 만들어 냈다고
봅니다.

간단히 말해 보면, 마루야마 선생은 『고사기』(古事記,
712)의 용어를 모토오리 노리나가(本居宣長, 1730~1801)가 했
던 것처럼 계산식으로 만들어서 사용하고 있습니다. 예를
들어, 역사의식의 고층이 『고사기』가 아니라 『일본서기』
(日本書紀, 720)였다면 그렇게 되지는 않았을 겁니다. 다시
말해서, '되다'(成る)라는 말과 '변하다'(化ける)라는 말이 있
는데, 『일본서기』에는 '변하다'라는 표현만 나옵니다.

마루야마 선생은 '되다'(成る)를 통해 그 기세가 점점

강해져서 그 기세에 휩쓸려 버린다는 것이 일본에 하나의 계기로 작동해 '고층'을 '기조저음'으로 하는 것 같다고, 매우 신중하게 말하고 있습니다. 하지만 이미 한자의 의미를 조작하고 있으며,『일본서기』를 대상으로 삼았다면 그렇게 되지는 않았을 거라고 쉽게 비판할 수 있습니다. 이에 관해서는 제가 이미 꽤 오래전에 지적했던 적이 있습니다.

그리고 receptor에 대해서는 중간에도 말했듯이, 무언가를 받아들이는 계기가 없으면 받아들일 수 없다, 그리고 받아들임으로써 그것이 바이어스(bias)가 걸린다는 것, 곧 상대방의 사상을 아무리 정확하게 받아들이려 해도 어쩔 수 없이 자신의 입장이라는 것이 개입되기 때문에, 주체적으로 받아들인다고 해도 단순히 일방적으로 수용하는 게 아니므로 반드시 바이어스가 걸린다, 그러니 그 부분을 제대로 살펴보자는 말입니다.

이른바 영향론이라고 할 수 있는데, 영향이라는 것은 단순히 받는 것이 아니고, 주체적으로 받든, 수동적으로 받든 역시나 바이어스가 걸린다고 생각합니다. 그 부분에 천착해서 탐구해 보자, '아, 이 사람은 그런 영향 관계 구나'하고 끝내지 말고, 그로 인해 어떻게 달라졌는지 보아야 합니다. 예를 들어 와쓰지 데쓰로를 생각하면 니체의 철학을 논하면서 '우주 대생명'과 같은 엄청난 말을 하게 됩니다만, 그는 '에너지'라는 단어는 사용하지 않아요. 받아들이면서도 그런 특징이 있습니다.

와쓰지는 독일의 새로운 니체 연구를 상당히 잘 공부한 사람인데, 그래도 역시나 프리미티비즘(primitivism), 소박주의나 원시주의라고 해야 할까요? 니체의 그런 부분을 꽤 강하게 받아들이고 있습니다. 이는 와쓰지가 후일 고찰을 순례하면서 그리스의 고전과 공통되는 것을 일본의 나라(奈良) 시대 불교의 불상에서 찾으려 하는 등, 많은 영향을 남기게 됩니다. 그런 바이어스가 걸리는 것이죠. 이는 와쓰지 데쓰로라는 사람의 특성으로 남아 계속해서 이어집니다.

그런 것을 대조해서 봐가면서 한 사람 한 사람의 사상에 관해, 모두 같은 생명주의라고 해도 각기 다른 위치를 정해 볼 수 있습니다.

한 가지 노파심에 말씀드리면, 와쓰지는 이후에 완전히 불교 신자가 됩니다만 저는 그런 부분까지는 살펴보지 않았습니다. 하지만, 이를 제대로 연구하는 젊은 연구자가 있는데, "스즈키(鈴木)가 와쓰지를 생명주의라고 규정했지만, 그 생명주의라는 것이 와쓰지에게는 나중에 불교가 됩니다"고 말하기도 했습니다. 그래서 그런 식으로 공동 연구를 진행해 가면 다양한 측면이 보일 거라고 생각합니다.

그리고 어렵네요, 칸토로비치(Kantorowicz)가 나오면. 즉 정치적 신체(Body)라는 것을 말하자면 칸토로비치의 개념에는 일본의 천황이 없기 때문에, 그 부분을 가케이 가쓰히코의 경우 일본의 판테온을 재구성하는 형태죠. 신들의 신전을 말입니다.

가케이 가쓰히코는 처음에 법철학이나 법률의 '법'(法)이 원래 불교에서 왔다고 본 꽤 진지하게 연구한 서적이 있습니다. 하지만 그 후 역시 슐라이어마허 등의 영향을 상당히 받습니다. 그리고 제국대학 법학부 사람들은 19세기 후반에 독일에서 있었던 로마법 대 게르만법, 역사법학파(Historische Schule)와 게르만법학파(Germanisten)의 대립을 제국대학에 그대로 이식하였습니다. 그런 가운데 이에나가 사부로(家永三郎, 1913~2002)를 가르쳤던 마키노 에이치(牧野英一, 1878~1970)와 가케히 가쓰히코는 중립적 입장에서 양쪽을, 즉 로마법학파와 게르만법학파 모두를 바라보면서 상당히 냉소적으로 양쪽 모두를 공격하고서는 슬쩍 그 대립에서 빠져나가 버립니다. 그 이후에 '신 그대로의 길' 쪽으로 나아가게 됩니다. 이 부분에 관해서도 최근 일본의 젊은 연구자들이 많이 연구하고 있을 겁니다.

그러한 대립은 제국대학 법학부의 숙명과도 같은 것인데, 다만 가케이 가쓰히코는 슬쩍 빠져나갔다는 점이죠. 그 점은 도쿄제국대학 법학부의 20세기 전환기부터 1910년대까지, 호즈미 야쓰카(穗積八束, 1860~1912) 등과도 얽혀서 큰 문제가 됩니다. 이 정도만 말씀드리고 싶습니다.

호즈미 야쓰카의 경우는 게르만법학파에 가깝다고 해야 할까, 그런 경향이 심했습니다. '국체' 문제가 되면 호즈미는 한 걸음 더 나아가 완전히 민족의 도덕을 크게 내세운 국민국가론 형태로 전개합니다. 그것은 그것대로 민족의식이라든지 그런 문제로 다루어야 할 것으로, 법학의 문제, 제국헌법을 둘러싼 해석의 문제가 되리라 생각합니다.

🎙 사회자

네, 답변 감사합니다. 약간 보충해 보자면, 첫 번째 질문에 관해서는요. 김태진 선생님 같은 경우에는 일본 사상사 내에 모두가 보편적으로 가지고 있는 '기조저음'이라는 것을 상정해 볼 수 있지 않느냐는 질문을 해 주셨고, 이를 스즈키 선생님은 비판적으로 보시는 것 같습니다.

리셉터, 즉 무엇인가를 받아들이는 계기가 각자의, 한 사람 한 사람의 경우에 따라 달라지게 되는데, 그렇기 때문에 편견이 발생하게 된다는 거죠. 또 그러한 편견 때문에 다양한 오해라면 오해랄까 하는, 이상한 점들이 발생해서 오히려 더 이러한 사상들을 풍부하게 했다는 것을 와쓰지 데쓰로의 예를 통해 말씀해 주셨습니다.

두 번째 같은 경우에는 가케이 가쓰히코라는 도쿄 제국대 법학부 교수가 나중에 2차 세계대전 때, 신들린 듯한, 광신적인 일본주의론을 만들어 내기도 하는데요. '그 사람이 왜 그런 식의 이야기를 하느냐?' 했을 때, 제국대

내에서나 법학부 내에서의 어떤 관계성 등은 전혀 생각하지 못했는데, 그런 측면이 있었음을 좀 더 보충해 주셨습니다.

제국대에서 로마법이나 게르만법을 가지고 서로 다투고 있는 와중에, 그것을 둘 다 비판하면서 아예 일본적인 '신 그대로의 길'(神ながらの道)이라고 하는, 약간 광신도적인 법학의 해석, 즉 법률 해석이나 헌법을 해석해 가는 방향에 관해서도 조금 보충해 주신 것 같습니다.

그리고 이어지는 세 번째 질문은 오윤호 선생님의 질문과 같이 답변하시지 않을까 싶습니다. 그러면 두 번째로 오윤호 선생님께 질문을 부탁드리겠습니다.

🎧 토론자 2

네, 이화여자대학교에 있는 오윤호입니다. 스즈키 사다미 선생님의 고견 잘 들었습니다. 20세기 초 한국 근대소설에 나타난 생명 담론이나 진화론적인 상상력에 대해서 논문을 쓰는 저로서는, 일본 생명관에 관한 선생님의 일목요연한 세계화가 큰 의미로 다가왔습니다. 20세기 초부터

21세기로 전개되는 지식 담론으로서의 생명 담론이 여전히 우리 시대에도 유효하다는 것을 다시 한번 느꼈습니다. 특히 근대 생명론을 다양한 지식 담론의 장 속에서 펼쳐 보였던 서구 지성들과 이들의 이론과 상호작용하며 메이지 유신 이후 일본 다이쇼 생명주의까지 일본에서 펼쳐졌던 다양한 생명관을 추구했던 일본의 근대 지식인들의 노력을 되새길 기회가 되었습니다. 여러모로 부족하지만 몇 가지 질문을 드리고 싶습니다.

선생님이 제안하신 '생명주의 모식도'를 보면, 생명은 개인으로부터 자연과학, 우주론까지, 전체적으로 아우르는 개념으로 제안되고 있습니다. 서구 근대 생명철학의 영향을 받았지만, 일본의 전통 사상 및 당대 지식 담론과 결합하여 천황제 이데올로기 및 초월주의, 신비주의로 경도된 양상도 보입니다.

이 모식도는 생명이라고 특정되어 있지만, 일본 근대 지식의 패러다임의 한 양상을 보여주는 건 아닐까, 싶습니다. 그리고 생명 담론 안에 모든 것을 담아 들이려고 하다 보니까, 어쩌면 우리가 숨 쉬는 공기처럼, 너무나 당연해서 간과하기 쉬운 그런 형국까지 가고 있지 않나, 라는 생각도 들었습니다.

20세기를 거쳐 21세기가 되는 시점에서 선생님은, 국제적 학제간 공동 연구의 대상으로 생명관을 중심에 두고, 한층 더 깊어진 생명관 탐구가 이루어져야 한다고 제안하고 계십니다. '향후의 생명관 탐구'라는 모식도가 아마 그것이 되지 않을까 합니다. 그렇다면 20세기 초 생명 지식 패러다임이 21세기에도 여전히 유효하다는 말씀이신지, 아니면 새로운 패러다임의 쉬프트가 필요하다면 이를 어떻게 해 나가고 싶으신지, 21세기에 새로운 생명주의 모식도가 제안되어야 한다면 어떤 것일지 궁금합니다.

그리고 두 번째 질문으로는, 최근에 과학기술 발전으로 인공지능 및 로봇 등이 등장하는 포스트휴먼 이론(해러웨이, 로지 브라이도티 등)이 부각되고 있구요, 물질의 능동성과 창조성을 강조하는 신유물론 연구가 또 활발하게 진행되고 있습니다. 지적 기반과 상황은 다르다 하더라도, 이러한 지식 담론 속에는 생명이라는 문제에 대한 철학적, 과학적 개념에 대한 깊은 통찰이 전제되어 있다고 생각합니다.

일본 근대문학이 풍경을 발견하면서 생명 담론과 근대문학의 원형적인 형식과 주제를 찾아갔다는 식의 논의가 많이 되고 있는데, 최근 21세기의 한국의 SF는 풍경의 발견이 아니라, 비인간 존재의 발견을 통해서, 나름의 포스트휴먼적인 존재들, 비인간, 물질존재들, 이런 존재들을 탐색하고 있습니다. 그러면서 21세기의 인간의 정체성, 혹은 그런 인간이 아닌 비주류의 존재들과 함께 살아간다는 새로운 윤리성을 찾아가고 있는 것 같습니다. 그런 면에서 선생님이 제안하신 일본의 생명관과 관련하여, 앞서의 포스트휴먼이나, 아니면 신유물론 연구가 어떻게 이해될 수 있을지 궁금합니다.

세 번째 질문입니다. 선생님은 "지구환경위기"라는 인류의 비극적 운명을 제시하고 계십니다. 저는 근대가 암묵적으로 재현한 자연의 무한성과 인간중심주의가 이제는 폐기처분되어야 할 유물이 되었다고 생각하는데요, 그렇다면 21세기 지구환경위기 상황에서 새로운 생명주의는 어떤 방향성과 의미를 갖게 될까요? 선생님의 20세기

초의 생명 담론에 일본의 생명관이라는 명확한 목표가 있었다면, 21세기의 선생님의 생명관은 일본을 넘어서고, 그리고 한국을 포함한 동아시아 생명 담론을 또 재구축하고, 혹은 지구적인 환경위기 속에서 인류의 생명관까지, 저는 확장해서 보고 싶은데, 선생님의 방향성이나 목표는 어떠하신지 궁금합니다.

● 스즈키 사다미 선생님

네, 감사합니다.

벌써 오래된 이야기가 되는데요, 제가 말한 생명주의라는 것은 20세기 전반, 1944년 정도까지를 정리한 모식도입니다. 바이탈리즘을 서양주의로 말하면 모두 흩어져 버리지만, 일본의 경우 비교적 잘 정리된다고 말하고 싶어서 만든 도식입니다.

그래서 지금 새롭게 21세기의 새로운 생명주의의 모식도를 제안하라고 말씀하셔서도 곤란하네요. 저는 생명주의에 대해 비판적인 입장입니다. 근래에는 인류세와 같은 문제가 제기되고 있고, 미국에서도 굉장히 많은 아이디어가 쏟아져 나오고 있기 때문에 그것들을 새롭게 재구성하는 것은 꽤 어려우리라 봅니다.

그리고 AI에 대해 질문하셨죠?

단순하게 말한다면, AI는 빅데이터의 확률 통계론이죠. 그리고 확실히, 지금으로서는 평균치를 내는 건 아주 잘하고 있다고 생각합니다. 그런데 단순하게 말하자면, 제 의견 따위는 그러한 평균치가 되지 못해서 애초에 튕겨 나가 버리고 말아요.

그런 확률 통계론의 평균값을 묻는 방식, 혹은 새로운 언어학의 시소러스(thesaurus) 같은 것을 만드는 방식 자체를 다시 한번 점검하지 않으면 안 된다고 봅니다. 인간은 개념을 조작하기 때문에 말이죠. AI는 기계적으로 평균값을 내기 때문에, 물론 그것이 참조하기 쉽고 답을 얻기 쉽다는 건 아주 잘 알지만, 깔끔하게 값을 구할 수 있을 것 같아도 AI로는 답을 구하지 못한다고 봅니다.

그것은 어떤 데이터를 넣을지 모두가 운용에 참여해야 하죠. 그것을 위해 공동연구를 진행한다면 좋겠지만요. "당신의 의견에는 이런 점이 빠져있다", "스즈키의 작업은 이런 것이지만, 저런 의견은 들어 있지 않다" 등과 같은 식으로 논의를 진행해 가는 게 필요하다고 생각합니다.

그런 방향으로 공동연구는 필요하죠. 공동연구는 AI화 되면 의미가 없다든가, 편리하므로 사용해서는 안 된다든가 하는 말이 아닙니다. "현재로서는 평균값이 이렇습니다. 다양한 의견의 평균값은 이렇네요"와 같은 방식으로 본다면 좋죠. 참고는 됩니다. 하지만 그것에 의존해 버리면, 공동연구 같은 건 할 필요가 없다는 식으로 생각하는 그런 마이너스 측면도 있다는 정도로 말을 해두고 싶습니다.

그리고 오늘날의 포스트휴먼, 즉 지금 휴머니즘의 부정이나 비판이 어떤 방식으로 이루어지는지는 자세히 모릅니다. 다만, 예를 들어 토론문에 써주신 바를 보자면, 물질의 능동성과 창조성을 강조한다고 한다면, 그리스 고전에서부터 시작하고 있는 것이죠. 그것이 지금, 오늘날 어떻게 흘러가고 있는지를 상대화하고, 비교하고, 연결해서 봐야 합니다.

지금은 많이 사라졌지만, 한때 미국에서 유행한 새로운 신비주의인가요, 그런 새로운 이론이 있었죠? 미국의 이론도 상당히 별난 것이 점점 나오기 때문에, 그것도 제대로 상대화하고, 비교하고, 연결해 살펴야죠. "Relativize"라는 것은 '관계 짓는다'는 말이기 때문에, 고립해서 보지 말고 다른 것과 관계를 지어서 어떻게 되어 가는지 봐야 하는 겁니다.

역사적으로, 예를 들어, 쿤(Thomas Kuhn, 1922 – 1996)이 말하는 "Paradigm"이라고 것이 저는 꽤 위험하다고 생각하거든요. 그것에 대해 비판도 하고 있지만, 쿤은 쿤대로, 그건 그것대로 괜찮아요, 훌륭한 관점을 제기했죠.

그런데 그것을 사용하는 사람들, 일본인 중에 누가 어떻게 하고 있는지는 저의 책 『일본인의 자연관』에서 다룬 적이 있습니다. 그리고 미국에서도 왜 그 논의가 끝났는지, 그 이유를 따져 물어야 합니다.

경제학적 문제가 있었죠, 과학연구비 차원의 문제가 있는데, 그런 다른 요인들과의 관계 속에서 이론의 Paradigm shift, 곧 뉴턴 역학(Newtonian mechanics)에서 아인슈타인(Einstein)으로 shift한 것이 어떠한 의미였는지를 쿤은 제대로 다루고 있는지, 따져 봐야 합니다. 이전의 근대 과학의 역사라고 할지 쿤이 토대로 삼고 있는 Paradigm shift 이론이라는 것이 있습니다. 저의 입장에서는 이를 과학사라면 과학사 속에서 역사적으로 상대화하는 걸 좋아합니다.

계보가 있고, 역시 그 계보 속에서 관계지어 이 사람은 무엇을 바꾸고 있는지, 옛날의 Paradigm, 곧 규범의 Paradigm 이론을 쿤은 어떻게 변화시켰는지, 과학사와 같은 범위에서 내 나름으로 상대화해 가는 겁니다. 또 그것을 일본인이 어떻게 사용했는지 살펴야 합니다. 왜냐하면 쿤의 제자들이 많았기 때문에 그중 몇 명은 일본에 돌아와서 말도 안 되는 주장을 하기도 했어요. 그들의 입장에서는 창조적으로 발전했다고 할 수 있을지 모르지만, 쿤이 말한 내용은 그런 의미가 아니었다고 논쟁할 수 있는 겁니다. 그런 작업을 신중하게 해야 한다고 저는 생각하고 있습니다.

🎤 사회자

네, 연구방법론에 관한 예시를 들어주셨는데요, 이는 스즈키 선생님이 주로 구사하시는 연구 방법이기도 합니다. 어떤 사안이나 개념을 계보학 내에서 비교하고, 다른 요인들과 관련을 맺어서 같이 보면서 주장하는 바를 살펴야 상대화할 수 있다는 겁니다. 토머스 쿤의 패러다임 이론 자체도, 당시의 그것과 그 이론 위에 제자들이 덧붙여 쓴 방식은 전혀 다른 내용이 될 수 있는데, 그럼에도 그것이 역사적으로 왜 그렇게 되었는지 추적해 가면서, 역시나 상호관계 안에서 어떤 작용을 일으켰는지 되돌아봐야 하지 않을까, 그렇게 상대화해야 하지 않을까, 새삼 귀 기울여 들어야 할 것 같습니다.

　　시간이 많이 흘렀지만, 선생님과 대화할 귀중한 기회니까, 한 분 정도만 플로어에서 질문을 받아보겠습니다.

🎧 청중 1

스즈키 사다미 선생님의 강연에 와서 여러 가지로 감동을 받고, 배운 것도 많습니다. 대구 영남대학교의 최재목이라고 합니다.

　　선생님의 말씀 중에 '자연'이라는 개념이 나왔는데

요, 또 '천연'이라는 말도 나왔습니다. 간단한 질문이 되겠습니다만, 자연이라고 하면 '저절로, 스스로'라는 뜻이 있죠. 역시 일본의 전통에서 보면 '저절로'라는 해석이 많은가요, 아니면 '스스로'가 더 많은가요?

🔘 스즈키 사다미 선생님

네, 감사합니다. '자연'(自然)은 원래는 '지넨'으로 읽혔습니다. 말씀하신 대로 예전에는 '저절로 그렇게 되다'는 뜻밖에 없었던 것 같습니다.

'스스로'라는 뜻은 결국 없었던 게 아닐까 싶은데, 자발적이라는 의미는 고대로 거슬러 가보면 찾아볼 수 없고, 역시 중국의 고전에서는 '저절로 그렇게 되다'는 걸 '自然'이라 하였습니다. 다시 말해서, '때마침 그 기세로 만일의 경우'가 되는 건 무사(武士)들의 표현으로 『헤이케모노가타리』에 나오기도 하는데, 그것은 '시젠'으로 읽습니다. '지넨'이 '시젠'이 되는 것이죠.

오음(呉音)에서는 '지넨'(じねん)인데, '시젠'(しぜん)으로 읽으면 '만일'이 된다는 사례가 이하라 사이카쿠(井原西鶴,

1642~1693)의 작품 등에도 나옵니다.

그런데 '스스로'라는 의미는 어떨까요? 그런 의미에서 는 다윈의 영향이 있을 수도 있을까 하는 생각이 듭니다.

🎧 청중 1

역시 운명론적이라고 할 수 있을까요? 정토진종(浄土真宗) 과 비슷하네요. 자력(自力)보다는 타력적(他力的)인 면이 오 히려 강하고요. 그런 내용을 좀 듣고 싶었습니다. 그리고 그런 점이 세상을 이해하기 위한 하나의 창구가 되지 않 을까 하는 생각도 듭니다.

🎤 사회자

네, 스즈키 선생님 답변에서도 '어떤 형세로 그렇게 된다' 는 식의 해석이 많았고, '자발적으로 무엇을 한다'는 전통 적인 해석은 없었다고 이야기를 해주셨습니다. 그래서 최 재목 선생님께서 말씀하신 것과 결을 같이하지 않을까 싶 습니다. 감사합니다.

● 스즈키 사다미 선생님

아, 한 가지, 제가 궁금하면서도 재미있다고 생각하는 것은, 『역경』(易經) 주변에서는 역시나 천지인(天地人)이 삼체(三體)잖아요. 그리고 사람은 천지의 작용에 따르는 것이고요. 그런데 그런 사고방식이 일본에는 별로 없었어요. 즉, 어디까지나 옛날의 『역경』이나 『계사전』(繫辭傳)은 좋았다고 생각하는데, 거기에 나오는 바에 따르면 사람이 천지의 작용에 따라야 합니다. 사람이 통제하는 것이 아니죠. 그런 부분은 서양의 적극적인 형태와는 다르기 때문에, 그 부분은 동양의 지혜로 사용할 수 있지 않을까? 이런 정도는 막연하게 생각하고 있어요. 감사합니다.

동아시아미래가치연구소
생명학 CLASS 02

일본 '생명관' 탐구의 현재

1판 1쇄 인쇄   2025년 5월 9일
1판 1쇄 발행   2025년 5월 16일

지은이   스즈키 사다미
옮긴이   김병진
기획   동아시아미래가치연구소
정리   김영죽·박이진
교정   마현민
펴낸이   유지범
책임편집   구남희
편집   신철호·현상철
외주디자인   심심거리프레스
마케팅   박정수·김지현

펴낸곳   성균관대학교 출판부
등록   1975년 5월 21일 제1975-9호
주소   03063 서울특별시 종로구 성균관로 25-2
전화   02)760-1253~4
팩스   02)760-7452
홈페이지   http://press.skku.edu/

ISBN 979-11-5550-666-0 94040
        979-11-5550-664-6 94040(세트)